frauenräume

Anke Gebert

Fotos von Ute Karen Seggelke

Gerstenberg

Vorwort

Als das Buchprojekt an mich herangetragen wurde, zwanzig Frauen in ihren Wohnräumen zu porträtieren, ahnte ich nicht, wie interessant, wie überraschend diese Arbeit werden würde. Denn ich traf auf zwanzig faszinierende Persönlichkeiten, die uns, der Fotografin Ute Karen Seggelke und mir, nicht nur Einlass in ihre Räume, sondern damit auch einen Blick in ihre je eigene Welt gewährten.

Wo immer sie auch leben, ob in einem Schloss oder einer einfachen Wohnung, in einem kleinen kroatischen Bergdorf oder einer Großstadt, jede der porträtierten Frauen setzt sich sehr bewusst mit ihrer räumlichen Umgebung auseinander, niemals ist diese zufällig oder beliebig. Die Persönlichkeit der Frauen prägt, ja gestaltet ihre Räume. In gleicher Weise aber wie ein Zuhause die Persönlichkeit seiner Bewohnerin spiegelt, so beeinflusst umgekehrt die besondere Gestaltung der Innenräume das Leben, Handeln, Denken und Fühlen der jeweiligen Frau. Einrichtung kann viel mehr sein, als nur praktischen und ästhetischen Ansprüchen zu genügen. Sie kann die Begegnung mit Kunst bedeuten oder viele wunderbare Geschichten erzählen. Räume können Orte der Inspiration oder der Erinnerung sein, Orte der Geselligkeit oder des Rückzugs, Orte der Arbeit oder des Kraftschöpfens vor neuen Aufgaben. So unterschiedlich die in diesem Band versammelten Frauen sind, so unterschiedlich ist auch die Bedeutung, die sie ihren Räumen zuschreiben.

Die Begegnung mit diesen zwanzig eindrucksvollen Persönlichkeiten aus ganz Europa und ihren Refugien macht *FrauenRäume* zu einem Buch nicht nur voller Bilder, sondern auch voller Geschichten, ungewöhnlicher Lebensläufe, gestalterischer Anregungen und Ermunterungen für das eigene Leben – zu einer Begegnung mit zwanzig verschiedenen Welten.

Anke Gebert

HILDEGARD BRAUNECK
RESTAURATORIN, HAMBURG

EINRICHTUNG BEDEUTET FÜR MICH NICHT DEKORATION, SONDERN BEGEGNUNG.

*V*or etwa dreißig Jahren, als Hildegard Brauneck mit ihrem Mann und den beiden Töchtern noch in Regensburg lebte, erwarb sie im Kunsthandel einen Régencespiegel, ein wunderschönes Stück, das um 1700 entstanden war und aus dem Schloss Veltrusy bei Prag stammte. Unsicher, ob es sich bei dem Stück möglicherweise um eine Fälschung handeln könnte, wandte sie sich an einen Experten aus einem Münchner Museum. Der jedoch vermochte zu dem Spiegel nichts weiter zu sagen als: »Dieses Stück ist zu schön, um wahr zu sein!«, und verwies die glückliche Besitzerin an einen Fachmann, einen prominenten Kunsthändler aus Regensburg. Der wiederum hatte sich inzwischen zur Ruhe gesetzt und wehrte jedweden beruflichen Kontakt entschieden ab. Immer wieder versuchte Hildegard Brauneck vergeblich, diesen Mann telefonisch zu erreichen, bis er sie schließlich, neugierig geworden, wer diese hartnäckige Person wohl sei, doch empfing und den Spiegel begutachtete. »Gnädige Frau, der Spiegel ist fantastisch!«, schwärmte er. »Sie müssen ihn aber unbedingt freilegen lassen, denn er ist irgendwann überfasst worden, und unten rechts ist ein kleines Stück der Schnitzerei ergänzt worden.« Dass der Kunstexperte in der Lage war, dies alles mit einem Blick festzustellen, faszinierte Hildegard Brauneck nachhaltig. Sie machte sich kundig, wie man einen Spiegel wie den ihren freilegt, und restaurierte ihn dann selbst. Dabei kam die wunderbare originale Blattvergoldung zum Vor-

Oben: Der Eingang des Hauses;
der Jugendstilbau stammt aus
dem Jahre 1913.
Seite 8: Ein friesischer Teetisch
aus dem ersten Drittel des
8. Jahrhunderts. Darüber hängt
eine Ofenkachel von einem
Prunkofen um 1540, die in plas-
tischer Ausformung Salome mit
dem abgeschlagenen Kopf des
Johannes vor König Herodes
zeigt.

schein. Mit dem alten Herrn aus Regensburg entwickelte
sich eine tiefe, bis heute andauernde Freundschaft. Hildegard Brauneck absolvierte bei ihm eine »Lehrzeit« und
lernte seine großartige Kunstsammlung kennen, die sie
nun schon seit vielen Jahren betreut.

Das Freilegen eines Spiegels also stand am Beginn von
Hildegard Braunecks Tätigkeit als Restauratorin. Später
arbeitete sie bei einem privaten Restaurator und anschließend in einem Museum. Heute restauriert sie in
ihrer eigenen Werkstatt vornehmlich Gemälde und
Skulpturen. Über die Jahre hat sich die Restauratorin
eine besondere Kennerschaft erworben, nicht zuletzt
aufgrund ihres handwerklichen Umgangs mit den Kunst-
werken, der eine intensive Auseinandersetzung mit Materialien und Techniken erfordert. Aber der »goldene
Spiegel« markierte auch den Beginn einer weiteren Leidenschaft: Er war das erste Stück in Braunecks vornehmlich aus Volkskunst und frühem Kunsthandwerk beste-
hender Sammlung.

»Wohnen«, so die Restauratorin, »sollte mit der Möglichkeit verbunden sein, Kraft zu schöpfen gleichzeitig aber
auch geistige Anregungen zu finden. Dabei hat sich mein
persönlicher Wohnstil im Laufe des Lebens immer wieder etwas gewandelt, was wohl auch damit zu tun hat,
dass ich für meine geistige Orientierung immer wieder
etwas Neues entdeckte, dass der Kreis meiner Interessen
weiter wurde. Die Auseinandersetzung mit der Kunst
spielte dabei stets eine ganz wesentliche Rolle. Durch
meine Arbeit als Restauratorin und den Aufbau der
Sammlung entwickelte sich auch ein besonderes Verhält-
nis zu den Objekten. Es ist etwas völlig anderes als das
bloße Betrachten! Die Wahrnehmung der Dinge ist in
einer sehr intensiven, oft spannungsreichen Weise gefor-
dert.«

Hildegard Brauneck wuchs in Dinkelsbühl, einer mittelalterlichen Kleinstadt, in einem weiträumigen Haus aus
dem 16. Jahrhundert auf. Als Kind liebte sie es, in andere
Zeiten und Welten einzutauchen. Sie entdeckte die Literatur und begeisterte sich für die berühmte Dinkels-
bühler Pfarrkirche Sankt Georg. Immer wieder versenkte
sie sich in die dort ausgestellten Bilder und Skulpturen.
Ganz besonders faszinierte sie die Tafel *Die zehn ägyptischen Plagen*, obwohl man glauben würde, die Darstellungen müssten in ihrer Grausamkeit ein Kind erschrecken.

Oben links: Das Grüne Zimmer.
Oben rechts: Blick in den herbst-
lichen Garten. Auf der Fenster-
bank im Votivtafelzimmer stehen
afrikanische Skulpturen.
Unten: Ein Rodelschlitten aus
dem Salzburger Land um 1800,
in der Form eines auf den Kufen
knienden Holzfällers.

Oben: Die Restauratorin in ihrem Atelier bei der Arbeit. Rechts: Moderne Möbelklassiker von Ludwig Mies van der Rohe, Charles Eames und Eileen Gray bilden einen feinen Kontrast zu Möbeln aus dem 18. Jahrhundert.

Da für die Eltern von Hildegard Brauneck die Arbeit in der eigenen Holzfabrik vorrangig war, hatten sie ihr Heim ohne große Ambitionen im Stil der Zeit eingerichtet. In den 1950er Jahren war für die meisten Menschen »alt« gleichbedeutend mit »hässlich«, und ältere Möbel wurden oftmals aus den Wohnräumen entfernt und durch moderne ersetzt. So war es auch in Hildegards Elternhaus, und das Mädchen bedauerte es, dass manches Möbelstück, das es besonders liebte, auf den Dachboden oder in die Wirtschaftsräume verbannt war. Heute besitzt Hildegard Brauneck aus ihrem Elternhaus nur noch ein Küchenbüfett, das eigens für die Mutter angefertigt worden war.

Das Haus von Hildegard und Manfred Brauneck bietet ein gänzlich anderes Bild als das ihrer Eltern. Im Gegensatz zu den Sammlern aus dem 19. Jahrhundert, die meist jedes Stück in ihren Räumen um sich haben wollten, stellt Hildegard Brauneck im Wechsel immer nur einzelne Sammlungsgegenstände im Haus auf. Jedes Vierteljahr etwa tauscht sie Teile der Sammlung aus und ersetzt sie durch andere, gruppiert sie neu. »Die tägliche Präsenz dieser Kunstgegenstände in meinen Wohnräumen ist mir sehr wichtig. Einrichtung bedeutet für mich nicht Dekoration, sondern Begegnung. Unsere Sammlung und die Arbeit als Restauratorin verführen mich zu geistigen Abenteuern, die ich auf keinen Fall missen möchte. Man taucht ein in längst vergangene kulturhistorische Epochen, dabei sind mir die Renaissance und die Gotik am nächsten.« Die Restauratorin konfrontiert ganz bewusst moderne Möbel – Klassiker aus dem Umfeld des Bauhauses – mit alten Einrichtungsgegenständen. Denn es ist ihr sehr wichtig, zu zeigen, dass sie in der Gegenwart lebt. Zudem fasziniert sie die ästhetische Spannung, die dadurch entsteht, und es überrascht sie immer wieder, wie so ganz Gegensätzliches harmonisch zusammenspielt, wenn nur die Qualität stimmt.

Die Votivtafeln, die an den Wänden im Esszimmer der Braunecks hängen, stellen auf ergreifende Weise alle nur denkbaren Unglücksfälle, aber auch Hilfe und Rettung dar: Mütter, die für ihre sterbenskranken Kinder beten, Bauern, die sich um ihre Tiere sorgen oder unter einen umgestürzten Wagen geraten sind, ein Schmied, dem ein glühendes Stück Eisen ins Auge gesprungen ist ... Stets jedoch ist die Dramatik des Unglücks durch den Witz

und den Charme der volkstümlichen Darstellung abgemildert. »Ich spüre, mit wie vielen Emotionen diese Tafeln aufgeladen sind, welch große Leiden die Menschen bewogen haben, diese Kunstwerke zu stiften. Die Existenz der Votivbilder – das früheste entstand 1631 – ist ein wunderbarer Beleg dafür, dass die Gebete der abgebildeten Menschen erhört wurden und dass auch die schlimmsten Übel manchmal noch ein gutes Ende nahmen. Zudem zeigen sie, dass die Praxis der Anrufung himmlischer Helfer durch alle Schichten der Gesellschaft ging, vom einfachen Dorfschmied bis zu den Kurfürsten der bayerischen Wittelsbacher, die auf einer der Votivtafeln ihre Kinderlosigkeit bejammern, das Aussterben ihrer Linie im Jahre 1777 aber dann doch nicht verhindern konnten. Die Votivtafeln sind die einzigen Stücke unserer Sammlung, die ständig im Haus verbleiben dürfen.«

Anfang der 1970er Jahre zogen die Braunecks von Regensburg nach Hamburg. Das Haus, in dem sie heute noch wohnen, war das dritte, das das Ehepaar mit seinen beiden Töchtern damals auf der Suche nach einem neuen Heim besichtigte. Kaum hatten sie das 1913 errichtete Gebäude betreten, spürten sie, dass sie hier leben wollten. Das Haus hat eine etwas außergewöhnliche Geschichte, denn hier wohnte Ulrike Meinhof mit ihrer Familie, bevor sie nach Berlin ging und sich der RAF anschloss. Auf dem Dachboden ihres neuen Zuhauses fanden sich noch einige Schriften, die Ulrike Meinhof wohl während ihrer Zeit in der katholischen Jugendbewegung verfasst hatte.

Sehr bald machte sich Hildegard Brauneck daran, das Haus nach ihren Vorstellungen einzurichten. Im Laufe der Jahre setzte sie immer wieder andere Akzente, probierte etwas Neues aus. Eines Tages war die Tapete im Kaminzimmer das Ziel solcher Veränderungen. Hildegard Brauneck löste hinter der Couch ein Stück der alten weißen Raufaser ab. Was darunter zum Vorschein kam, stimmte die Restauratorin euphorisch: ein wunderbarer dunkelgrüner Wandanstrich! Zunächst hielt sie ihre Entdeckung geheim. An einem Samstagmorgen dann schickte sie ihren Mann, der gerade die monatelange Arbeit an einem Buch beendet hatte, zum Brötchenholen und löste eilig größere Teile der Tapete ab. Als Manfred Brauneck vom Einkaufen zurückkam, war er erst einen Moment

Oben: Diese Nürnberger Renaissance-Keramik steht im Mittelpunkt einer neuen Publikation von Manfred und Hildegard Brauneck. Dafür wurde weltweit der erhaltene Bestand dieser seltenen Stücke recherchiert.
Links: Über dem Kamin hängt der Veltrusy-Spiegel inmitten früher Keramiken.

Oben: Diese aus Elfenbein gedrechselten Miniaturgeräte entstanden um 1625 in Augsburg. Rechts: Im Speisezimmer bietet der Refektoriumstisch Platz für eine große Familie. Der Salzburger Kabinettschrank dient heute als Bücherschrank.

lang verblüfft, half dann aber mit, die Wände insgesamt freizulegen. Dabei kam ganz unerwartet auch ein großartiger Fries mit originalen Jugendstilornamenten zum Vorschein, der die Wandbemalung zur Stuckdecke hin abschließt. Wer immer es war, der vor rund neunzig Jahren den Anstrich für diesen Salon ersonnen hatte, er tat das einzig Richtige, als er sich für Farben entschied, die im Herbst auch im Garten vor dem Haus vorherrschen: die Rot- und Gelbtöne der reifen Beeren, die bis an die Fenster heranwachsen, und das Dunkelgrün der Bäume und Sträucher. In nur vier Wochen stellte Hildegard Brauneck zusammen mit ihrer Tochter Anja die ursprüngliche Wandbemalung wieder her: Sie ergänzten die Fehlstellen des Frieses, nahmen einen Leimanstrich vor und behandelten die Wände mit Firnislasuren.

Früher wurden Gemälde und Skulpturen oft mehrfach übermalt, weil der Besitzer sie im Geschmack der Zeit »modernisieren« wollte – eine Praxis, die es bereits seit dem 16. Jahrhundert gibt – oder weil sie Beschädigungen aufwiesen. Für die Restauratorin Hildegard Brauneck dagegen ist es oberstes Gebot, den Originalzustand des Kunstwerks zu bewahren oder ihn wiederherzustellen. Als ihr Mann und sie ein Bild des niederländischen Malers Hendrik Goltzius aus dem frühen 17. Jahrhundert erworben hatten, bemerkte sie sofort, dass etwas mit dem Gemälde nicht stimmte. Schließlich entdeckte sie, dass in der Mitte des Bildes eine anstößige Szene, die das 19. Jahrhundert wohl keinesfalls dulden wollte, übermalt worden war. Ihre berufliche Erfahrung ermöglicht es Hildegard Brauneck mittlerweile, meist sehr schnell zu erkennen, ob ein Kunstwerk tatsächlich dem Geist einer Epoche entspricht oder ob es verfälscht oder gar gefälscht ist. »Es gibt wahrscheinlich keinen Sammler, der nicht schon einmal eine Fälschung gekauft hat. Auch in den Museen und Kunsthandlungen entdecke ich immer wieder Kopien. Für den privaten Sammler ist der Schaden dann freilich viel größer, in den Museen sind die Depots die stummen Zeugen solcher Irrtümer.«

In Österreich wurde 1994 eine Briefmarkenserie herausgegeben, auf der besondere Stücke der Volkskunst abgebildet waren. Groß war die Freude, als die Braunecks eine Postkarte mit einer Marke erhielten, auf der der Schlitten aus ihrer Sammlung zu sehen war, der neben dem Kamin im grünen Zimmer steht.

Unten: Kabinettschränkchen mit
Wismuth-Malerei, 16. Jahrhundert
Links: Auch in der Leseecke in
der Kunstbibliothek harmonieren
moderne Sitzmöbel mit antiken
Stücken.

Hildegard Brauneck hat die faszinierende Ausstrahlung einer Frau, der man sofort glaubt, wenn sie sagt: »In jedem Abschnitt meines Lebens fühlte ich mich, als sei ich gerade am glücklichsten.« Daran hat sicher ihre Arbeit, der intensive Umgang mit Kunstgegenständen, wesentlichen Anteil. Als sie einmal für einen Freund eine bedeutende gotische Madonna von sieben Schichten Übermalung befreite und schließlich auf die Originalbemalung stieß, stand sie oft nachts auf, um sich die außergewöhnliche Skulptur noch einmal anzusehen, und fast erlag sie der Versuchung, den Arbeitsprozess künstlich hinauszuzögern, um sich nicht so schnell von dem wunderbaren Stück trennen zu müssen.

Das Sammelobjekt, das ihr am meisten bedeutet, ist ein Altarbild aus dem Jahre 1624. Sie bekam es von einem Museumsdirektor aus Breslau, nachdem es jahrelang eingerollt unter einem Bett gelegen hatte. Hildegard Brauneck restaurierte das Bild sehr aufwändig. Das Einsetzen ganzer Bildstücke sowie das Freilegen der Signatur und der Angabe des Entstehungsjahres wurden zu einem einzigartigen beruflichen Erlebnis für sie. »Dieses Altarbild ist in unserer Sammlung nicht das wertvollste Stück, aber es ist das, mit dem ich besonders stark verbunden bin. Genauso wie mit dem ›goldenen Spiegel‹ aus dem Schloss Veltrusy, mit dem für mich als Restauratorin alles begann.«

Häufig kommt die älteste Tochter mit ihren Kindern zum Abendessen vorbei. Obwohl die junge Familie nur eine Straße entfernt wohnt, bleibt sie oft über Nacht. Der Enkelsohn schläft dann in einem bemalten Himmelbett, das einst dem russischen Schriftsteller Anton Tschechow gehörte. Die Braunecks hatten dieses Bett eher zufällig in einem Hamburger Auktionshaus entdeckt und ersteigert. Nach der Auktion wurden sie von einer Nachfahrin Tschechows angesprochen, die die zukünftigen Besitzer des Bettes unbedingt kennen lernen wollte.

Die Kinder und Enkelkinder der Braunecks sind mit der Kunstsammlung aufgewachsen und lieben sie ebenso wie ihre Eltern und Großeltern. Doch Hildegard Brauneck ist ganz unsentimental: »Die Kunstsammlung soll irgendwann an unsere beiden Töchter und unsere Enkel übergehen. Wenn sie jedoch meinen, all die Stücke verkaufen zu müssen, würde es mir nicht Leid tun. Uns ist es vor

allem wichtig, dass wir die Sammlung jetzt genießen können. Später sollen sich meinetwegen auch fremde Menschen daran erfreuen.«

Im Moment aber spürt die Restauratorin mal wieder die Lust in sich wachsen, in ihrem Haus etwas grundlegend umzugestalten. Im Esszimmer, in dem die Votivtafeln hängen, hat sie bereits hinter dem Sofa ein kleines Stück der weißen Raufasertapete abgelöst. Erneut ließ das, was sich dahinter verbarg, das Herz der Restauratorin höher schlagen: der Originalanstrich, ein kräftiger Terrakottafarbton! Ihren Mann wird Hildegard Brauneck demnächst wohl wieder zum Brötchenholen schicken ...

Marisa Albanese
Künstlerin, Neapel

DIE ERDE LEBT – IN MEINEM ATELIER SPÜRE ICH DAS BESONDERS.

*D*ieser Ort ist beeindruckend für mich, weil es hier die Solfatara gibt. Außerdem lebt neben meinem Atelier ein Bauer, dessen Hühner ich gackern höre. Und ein schneller Zug fährt vorbei, der Menschen von einem Ort zum anderen bringt. Das Aufeinandertreffen von archaischem und modernem Leben inspiriert mich.«

Westlich von Neapel liegt die Hafenstadt Pozzuoli. Sie ist umgeben von den Phlegräischen Feldern, einer außergewöhnlichen vulkanischen Landschaft aus Kraterwällen und -seen, heißen Quellen und eben der Solfatara, jenem Vulkan, der nur Wasserdampf und Schwefelwasserstoff aushaucht. In dieser Gegend liegt das Atelier von Marisa Albanese.

Vulkane üben eine elementare Anziehung auf die Künstlerin aus. Gern hätte sie eine Privatwohnung in der Nähe des Vesuv. »Es geht mir nicht darum, den Blick auf den Vesuv zu haben, sondern darum, seine Nähe zu spüren. Der Vulkan kann ausbrechen und mich töten. Wie die meisten Neapolitaner fühle ich mich unbewusst von dieser Gefahr angezogen.« Beim letzten großen Erdbeben am Golf von Neapel, 1981, erlebte Marisa, wie sich der Boden unter ihren Füßen bewegte. »Der Vesuv ist das Symbol dafür, dass die Erde, auf der wir stehen, nicht tot ist. Die Vulkanherde strömen ständig Wärme aus. Die Erde lebt – in meinem Studio spüre ich das besonders.«

1992 fand Marisa Albanese den großen, in einem modernen Gebäudekomplex mit Flachdach gelegenen Atelier-

Oben: Wie die meisten Neapolitaner fühlt sich die Künstlerin von der steten Gefahr, die vom Vesuv ausgeht, angezogen.
Rechts: Werkstattatmosphäre – ein Blick von der Galerie aus.
Seite 20: Im Atelier führt eine schmale Treppe hinauf zur Galerie, wo Marisa Albanese schläft.

raum. Auch andere Künstler arbeiten hier – ohne sich allerdings gegenseitig in ihrer Unabhängigkeit zu behindern. Das ist Marisa Albanese sehr wichtig. »Wenn die Tür zu ist, bleibt sie zu. Mein Atelier ist weniger ein Ort der Begegnung als einer der Einsamkeit.«

Manchmal jedoch lädt sie auch Freunde in ihr Atelier ein. Dann lässt sie aus der Pizzeria am Hang für alle Speisen kommen, und während die Freunde essen und reden, nimmt sie von ihnen Handabdrücke. Ein großes Relief hat sie daraus schon gestaltet. Wenn sie eine Wohnung in der Nähe des Vesuv gefunden hat, will sie es dort in den Fußboden einfügen. Die Hände als Ausdruck der Seele ihrer Freunde sollen das Fundament sein, auf dem sich Marisa in ihren Räumen bewegen will.

»Die meiste Zeit verbringe ich jedoch in meinem Atelier allein. Ich liebe es, in der Einsamkeit zu leben. Schon als Kind empfand ich Einsamkeit nie als Nachteil, sondern als Privileg.« In ihrem Elternhaus musste sie sich ein Zimmer mit ihrer Schwester teilen. Um für sich sein zu können, schaffte Marisa sich zwischen den großen Laken, die die Mutter auf der Terrasse der typisch neapolitanischen Wohnung zum Trocknen aufgehängt hatte, ein eigenes Reich. Und in der Wohnung diente ihr der kleine dreieckige Raum, der entstand, wenn sie die Innenfensterläden halb verschloss, als Rückzugsort. Mit ungezählten Bleistiften und wachsender Begeisterung zeichnete das kleine Mädchen auf jedes Stück Papier, das ihm zwischen die Finger kam. Ihr erstes Atelier richtete sie sich unter einem großen Tisch ein – und bemalte jahrelang die Unterseite der Tischplatte. Erst beim Auszug aus der Wohnung wurden die vielen Zeichnungen entdeckt, mit denen sich Marisa unter mehreren Möbelstücken mit ihren Bildern verewigt hatte.

Die Malerin erinnert sich noch genau, wann sie ihre ersten Buntstifte bekam. Den Eltern war ein Porträt in die Hände gefallen, das die damals vierjährige Marisa von ihrer älteren Schwester auf das Papier einer alten Zuckertüte gezeichnet hatte, und sie waren völlig überrascht und erfreut über die künstlerische Begabung, die sich darin zeigte. Manchmal träumt Marisa Albanese noch von den Räumen ihrer Kindheit, von den großen Zimmern, die alle durch Türen miteinander verbunden waren und die man durchschreiten konnte, ohne einen Flur betreten zu müssen.

Bewegung von Raum zu Raum, Ortswechsel – das sind zentrale Themen der künstlerischen Arbeit Marisa Albaneses. Auf einer großen Fotografie hat sie Zuggleise festgehalten. Steht der Betrachter davor, stehen die Gleise still, bewegt er sich, bewegen sich auch die Gleise. Je mehr sich der Betrachter bewegt, desto mehr vermag er wahrzunehmen und wird so selbst Teil der Kunstwerks. Aus dem Jahre 1990 stammt Marisa Albaneses *Il grande gioco* (»Das große Spiel«) – eine Skulptur, die der Be-

Links: Gern arbeitet die Künstlerin am Fenster. Von hier aus kann sie Kontakt zu Kollegen aufnehmen, die in demselben Gebäudekomplex wirken.
Ganz links: In ihrem neuesten Werk setzt sich Marisa mit ausgewählten Mädchenfiguren der Antike auseinander.

trachter nicht von außen wahrnehmen kann. Er muss in sie hineingehen, einen Raum durchschreiten und so das Kunstwerk aktiv erleben.

Die künstlerische Auseinandersetzung mit Räumen führte Marisa Albanese zu dem für ihr Schaffen ebenso wichtigen Thema der Hände. »Während eines Arbeitsaufenthalts in Krakau suchte ich nach einer schwarzen Madonna. Ich musste enge Gassen durchqueren, was wie eine Arbeit im Raum war. Überall waren Menschen, die mir die Hände entgegenstreckten. Sie arbeiteten mit ihren Händen, wechselten Geld, fassten die Madonna an. All diese Menschen kamen über ihre Hände mit mir in Berührung. Ich durchquerte quasi einen Tunnel voller Hände.«

Das Atelier der Künstlerin zeugt von ihrer seit Anfang der 1990er Jahre intensiven Beschäftigung mit diesem Thema. Ein großes Regal steht voller Handplastiken. Eine jede hält eine andere Geste fest – die Neapolitaner reden viel mit den Händen. Bei ihrer Auseinandersetzung mit dem Motiv der Hände erinnerte sich Marisa Albanese auch des berühmten Bildes Michelangelos von der Erschaffung Adams aus dem Deckengemälde der Sixtinischen Kapelle in Rom: Mit dem Zeigefinger der rechten Hand berührt Gott den linken Zeigefinger Adams und lässt so seine göttliche Kraft auf den ersten Menschen übergehen.

Benötigt Marisa Albanese für ein Projekt Metall, so lässt sie es sich in einer Werkstatt zuschneiden, verarbeitet es dann jedoch selbst mit Hilfe eines kleinen Schweißgeräts.

Oben: Beneidenswert – Marisas
Atelier ist ein Ort intensiver
Arbeit und Lebensfreude zu-
gleich.

Mehrere große Tische und Werkbänke zeugen im Atelier
von der Arbeit mit den verschiedensten Materialien.
Eine schmale Treppe führt hinauf zu einer Galerie, auf
der das Bett der Künstlerin steht. Hier schläft Marisa, so-
lange sie noch nicht ihre Traumwohnung am Vesuv gefunden hat. Dabei werden sie und ihr Atelier von einem
ausgestopften schwarzen Vogel bewacht, der stolz auf
einem Metallträger unter der Decke thront.
»Die Menschen in Neapel«, erklärt die Künstlerin, »haben zwei Seelen. Auf der einen Seite leben sie einen minimalistischen, existenziellen, auf der anderen Seite einen
barocken Stil. Ich bin eine echte Neapolitanerin.« Der
typische Wohnstil in Neapel zeichne sich durch ein stren-
ges und eher modernes Grundkonzept aus, erklärt Marisa Albanese. Das schließe jedoch nicht aus, dass in den
Wohnungen auch Fliesen mit floralen Mustern, Spitzen-
deckchen und irgendwo sicher auch eine Madonna zu
finden seien. Marisa Albanese hat inzwischen akzeptiert,
dass auch in ihrer Brust diese beiden Seelen wohnen. »Je
nachdem, wie ich mich fühle, möchte ich in dem einen
oder anderen Stil leben. Viel wichtiger allerdings ist mir
der Ort, an dem ich mich niederlasse.«
Orte, Ortswechsel, Räume, Bewegung in Räumen. Alle
Gegenstände haben für die Künstlerin etwas mit diesen
Sujets zu tun. Die schwarze Madonna in der Schneekugel
etwa hat sie in Krakau nicht nur gekauft, weil sie ihr gefiel, sondern vielmehr, weil sie mit dem Ort zu tun hat,
an dem sie sich bewegt hat, an dem sie tätig war. In Neapel will die Künstlerin nun auch nach einer schwarzen
Madonna suchen, die sich zu der aus Krakau gesellen
kann. Auf diese Weise verwandeln sich für Marisa be-
deutsame Orte in Objekte ihrer Kunst.
»Es kann sein«, erklärt die Künstlerin, »dass es hier in
Neapel eines Tages für mich zu Ende geht. Doch die Bewegung geht weiter. In meinem Atelier, auf dem vulkanischen Boden, fühle ich das ganz deutlich.«

Oben links: Gegenstände wie
die schwarze Madonna auf Marisas Schreibtisch, die die Künstlerin von Reisen mitbringt, inspirieren sie zu neuen Arbeiten.
Oben rechts: Vorstudien.
Unten links: Die Sprache der
Hände – ein Alphabet, durch das
die Menschen miteinander kom-
munizieren.

ZOË JENNY
SCHRIFTSTELLERIN, BASEL

MEIN ZUHAUSE IST UNTERWEGS.

ch las und war ein Schiff auf Reisen. Hin und wieder wurde ich von seltsamen Erschöpfungszuständen ergriffen, die es mir nicht mehr erlaubten, ein Buch zu öffnen. Trostlos blieb es dann in meinen Händen liegen. In solchen Augenblicken rief ich meinen Vater an. Er kam am Abend mit seinem Buick, und wir fuhren los. Ich sah auf seine Hände, die das Steuerrad hielten, und davor die Häuser der Stadt, später die Umrisse von Tannen und Leitplanken. Die Scheinwerfer gruben sich auf der Autobahn durch die Nacht.«

Seit 1997 *Das Blütenstaubzimmer*, ihr erster Roman, erschienen ist und zu einem großen literarischen Erfolg wurde, befindet sich Zoë Jenny fast nur noch auf Lesereisen. Die Geschichte der jungen Frau, die den Vater verlässt, um die Mutter zu finden, und dabei unweigerlich Abschied von den Eltern nimmt, wurde inzwischen in mehr als zwanzig Sprachen übersetzt. Anfang 2000 erschien *Der Ruf des Muschelhorns* und wurde von der Öffentlichkeit mit großem Interesse aufgenommen. Zoë Jenny kommt seitdem nur noch selten nach Basel. Ihre kleine Wohnung liegt an einer stark befahrenen Kreuzung in einem schmalen mittelalterlichen Haus, in dem sich im Erdgeschoss ein Schreibwarenladen befindet. Kehrt sie von einer ihrer vielen Lesereisen dorthin zurück, hört sie zuerst den Anrufbeantworter ab, liest die Faxe und die Post, »was inzwischen schon sehr lange dauert«. Das Zimmer, in dem sie arbeitet, ist eher klein. Vom Schreibtisch aus kann sie über den Rhein schauen.

Zoë Jenny schreibt ihre Texte erst mit der Hand. »Es
interessiert mich nicht, gleich am Computer zu arbeiten,
weil ich dabei keine Notizen, Skizzen und Zeichnungen
machen kann. Eine Arbeit am Computer zu beenden ist
schön, weil man das Manuskript dann sauber einem Verleger übergeben kann. Der Computer ist für mich nur
ein Gerät, um eine Arbeit zu beenden.« Manchmal benutzt sie auch ihre alte Schreibmaschine, um noch einen
Zwischenschritt einlegen zu können.

»Es steht nur ein Stuhl im Zimmer. Wenn Leute kommen, was nur ganz wenige dürfen, müssen sie auf dem
Boden sitzen. Es ist mein Zimmer.« Auch als Kind hatte
Zoë Jenny immer ein eigenes Zimmer. Sie bemalte die
Wände und Türen, tat Dinge, die andere Kinder nicht
tun durften. Für diese Freiheit ist sie ihrem Vater, bei
dem sie nach der Trennung ihrer Eltern aufwuchs, sehr
dankbar. Malen war ihre Leidenschaft, außerdem hat sie
getanzt und Saxophon gespielt. Gern würde sie diesen
Interessen heute noch nachgehen, doch dafür bleibt ihr
keine Zeit: »Man kann das nicht nebenbei machen, und
ich habe mich fürs Schreiben entschieden.«

Ihr Zimmer in Basel braucht Zoë Jenny nicht als Rück-
zugsort zum Schreiben. »Ich kann nicht behaupten, in
dieser Stadt besonders gut und gern zu arbeiten.« *Das
Blütenstaubzimmer* schrieb sie vor allem in Italien, und *Der
Ruf des Muschelhorns* entstand zu großen Teilen in New
York. Sie hat in Chinatown und auch in Soho gewohnt.
Jetzt überlegt sie, ganz in die USA überzusiedeln. Basel
sei ihr zu klein, wie jede andere Schweizer Stadt auch.

»Ich mag es sehr, wenn ich an einen Ort komme, wo
Schwarze und Asiaten leben. Ich brauche es, andere Sprachen zu hören – eine internationale Umgebung zu haben. In Amerika atme ich auf, wenn ich eine Straße ent-
langgehe.« Auch sei es ihr lieber, anonym zu leben. In
den USA drehe sich niemand nach einer berühmten Person um. In Basel und überhaupt in der Schweiz würden

Nur ganz wenigen Menschen gewährt die Schweizerin Zutritt zu ihren Räumen in der Baseler Altstadt.

einem sogar Neid und Missgunst begegnen, wenn man erfolgreich ist. Die Schweizer wollen jeden klein halten, seien genussfeindlich. Die Wurzeln dieser Haltung vermutet Zoë Jenny im Protestantismus. Nach Auffassung vieler Leute sollten vor allem Künstler immer leiden, und jemand, der ein Lachen im Gesicht trägt, könne kein echter Schriftsteller sein. Die Amerikaner, so Zoë Jenny, besitzen Lebensfreude. Sollte sie über den Teich ziehen, wird sie nichts aus Basel mitnehmen. »Ich genieße es, frei von Ballast zu sein. Jeder sollte für sich entscheiden, wo er seine Lebenszeit verbringen möchte. Es sollte ganz normal sein, sich für einen Ort mit angenehmer Atmosphäre zu entscheiden.«

Zoë Jenny wurde in Basel geboren, lebte in Griechenland und im Tessin und kam dann wieder nach Basel zurück. Sie hält die Stadt mit ihren 175 000 Einwohnern für den »unschweizerischsten« Ort der Schweiz, weil sie im Dreiländereck, direkt an der Grenze zu Deutschland und Frankreich, liegt. In Klein-Basel leben die sozial Schwächeren, in Groß-Basel – durch den Rhein von Klein-Basel getrennt – die Begüterten. In jeder Stadt gibt es eine Schichtendifferenzierung nach Wohnvierteln, doch in Basel sei sie, erklärt Zoë, besonders ausgeprägt. Die junge Schriftstellerin betrachtet es als ein Geschenk, ihre Kindheit in Klein-Basel verbracht zu haben, wo viele Ausländer leben. »Heimat ist für mich jedoch ein fiktiver Ort. Heimat als Ort, an dem man geboren und aufgewachsen ist, ist eine Auslegung des Begriffs, die mich eher langweilt. Heimat ist etwas, das man sich im Laufe seines Lebens erbaut, etwas, das man vielleicht auch zwischendurch verlieren muss, um es irgendwann zu haben – als einen inneren Ort.«

Und wie ist es mit einem Zuhause? Zu Hause, sagt Zoë Jenny, fühle sie sich in der Literatur. Zuweilen aber auch in einem Hotel, in dem sie während einer Lesereise schon einmal war und in das sie später noch einmal zurückkehrt. Überall lernt sie Menschen kennen, zu denen sie Kontakt halten möchte, denen sie irgendwann wieder begegnen wird. So entsteht ihr an vielen Orten der Welt ein neues Zuhause.

Noch träumt Zoë Jenny nicht von einem Haus, in dem sie auf Dauer leben und schreiben, in dem sie daheim sein wollte. Vielleicht hat sie später einmal Sehnsucht nach einem solchen Ort. Es müsste dann ein Haus sein, wie Edward Hopper es malte – mit viel Licht, vielleicht an der Ostküste von New York. Ein Garten wäre schön. Und in den Räumen sollten Menschen sich begegnen und austauschen, es sollte darin gearbeitet, geredet und musiziert werden. Ein Haus, das lebt, stellt die junge Schriftstellerin sich vor, in dem man sich aber auch zurückziehen kann. »Momentan«, betont Zoë Jenny jedoch, »finde ich es reizvoll, in der Welt, im Unterwegssein zu Hause zu sein.«

Während ihrer Lesereise durch China machte sie die existenzielle Erfahrung sprachlos, auf die elementarsten Ausdrucksweisen zurückgeworfen zu sein. Schon bevor Jenny so viel reiste, beschäftigte sie sich in ihrem Schreiben mit dem Thema der menschlichen Kommunikation, der Sprache und des Verlustes von Sprache. Gewiss aber hat das Reisen sie noch mehr für dieses Sujet sensibilisiert, weil sie erlebt hat, wie viel es bedeutet, eine Sprache zu haben. Das Bewusstsein der Autorin von der Sprache als innerem Zuhause ist noch gewachsen. »Wenn die Sprache verwahrlost, deutet das auf eine seelische Verwahrlosung hin. Man ist, wie man spricht.«

Obwohl eine Sprache zu haben für Zoë Jenny von lebenswichtiger Bedeutung ist, hält sie es aber für ein Zeichen von großer Freundschaft und Vertrautheit, wenn sie mit einem Menschen schweigen kann und sich ihm trotzdem ganz nah fühlt.

»Das Auto summte, wir rauchten Marlboro, bis der Raum eingenebelt war. Ich stellte mir vor, wir wären auf der Flucht. Und ich war glücklich bei dem Gedanken, mit meinem Vater auf der Flucht zu sein. Die Lichter des Wagens vor uns hinterließen eine rötliche Spur auf dem Asphalt, die unser Wagen verschluckte. Und manchmal sagte Vater etwas, ganz leise, wie zu sich selbst.«

Der Roman *Das Blütenstaubzimmer*, durch den die Autorin bekannt wurde, ist bereits in mehr als zwanzig Sprachen übersetzt worden.

BINETTE SCHROEDER
ILLUSTRATORIN, MÜNCHEN

NUN HALTEN WIR ES LIEBER MIT GOETHE, DER FÜR JEDEN RAUM UNVERWECHSELBARKEIT FORDERTE.

or ein paar Jahren, mitten in den Vorbereitungen zu einer Ausstellung für die National Gallery in der namibischen Hauptstadt Windhuk, brach sich Binette Schroeder das rechte Handgelenk. Die Ausstellung mit freien Arbeiten der berühmten Kinderbuchillustratorin musste verschoben werden. Dramatischer noch war die Aussicht, dass die Künstlerin mit der verletzten Hand für einige Zeit nicht würde malen können. Der Schock war groß. Da erinnerte sie sich, dass ihr eine Kollegin vor Jahren einmal empfohlen hatte, als Lockerungsübung ab und zu mit der linken Hand zu zeichnen. »Sofort versuchte ich eine Zeichnung mit der linken Hand, dann eine zweite und eine dritte. Nach einer Woche war meine linke Hand zwar auch lahm und schmerzte vor Überanstrengung, Unruhe und Verzweiflung aber waren damit verflogen. Ich wusste, ich würde mit der linken Hand fast ebenso präzise malen können wie mit der rechten.«

Laura, Lupinchen, Der Froschkönig, Die Schöne und das Tier – keines ihrer Werke sieht aus, als sei es »mit links« gemalt. Binette Schroeder gehört nicht zu denjenigen Illustratoren, die schnell produzierbare Massenware herstellen. An manchen Büchern arbeitet die Künstlerin jahrelang, und der große Erfolg bei Kindern und Erwachsenen in vielen Ländern der Welt belohnt ihre zeitaufwändige, von hohen Ansprüchen geleitete Arbeitsweise. »Ich brauche für meine Arbeit nicht mehr als eine Hand, Pinsel,

Oben: Binette Schroeder und
Peter Nickl sammeln seit Jahren
die Keramiken von Jörg von
Manz und seinen Schülern.
Der *Mondfischer* stammt von
Monika Drescher.
Rechts: Die Künstlerin in der
Tür zum »Greenhouse«, einer
umfunktionierten Garage.
Seite 34: Die Bibliothek ist zu-
gleich das Musikzimmer. Der
wunderschöne Lüster gehörte
einst Blanche Schroeder, der
Großmutter Binettes.

Farbe, Wasser und Papier«, erzählt Binette Schroeder.
»Meine Umgebung wirkt sich nicht unbedingt auf meine
Malerei aus. Ich könnte auch in einem kargen, weißen
Raum arbeiten.« Sicher jedoch würde der karge, weiße
Raum nicht lange karg und weiß bleiben. Die Künstlerin
würde ihn wohl gestalten – so wie sie es auch in ihrem
Haus in der Nähe Münchens getan hat.

Eineinhalb Jahre lang studierten Binette Schroeder und
ihr Mann Ende der 1970er Jahre Zeitungsanzeigen und
besichtigten Häuser, die zum Verkauf angeboten wurden. »Ein Jahrhundertwendebau sollte es nach unserer
Vorstellung sein. Doch meistens war es so, dass diese
Häuser von außen zwar prachtvoll und repräsentativ
wirkten, die Innenräume aber waren dunkel und ohne
Proportion. Dann fanden wir dieses Haus aus den 1930er
Jahren im groben Salzburger Landhausstil, den ich
eigentlich überhaupt nicht mag. Das Haus war von der
Bausubstanz her in einem desolaten Zustand. Es wurde
daher auch nur als Abrissobjekt angeboten. Der Besitzer
führte uns geschickterweise nicht ins Haus, sondern
zuerst einmal in den Garten. Dort blühten die Iris und
die Quitten in verschwenderischer Fülle. Der Garten war
ein Traum. Wir waren bezaubert.«

Trotz des heruntergekommenen Zustands erkannten Binette Schroeder und ihr Mann auch in den Innenräu-
men, dass sich aus dem Haus einiges machen ließe. »Manches wirkte beinahe gespenstisch: Vorhänge aus Spinn-
weben, Unmengen verstaubter stachliger Kakteen, im
Keller Hunderte von Fläschchen mit merkwürdigen Wäs-
serchen – die frühere Besitzerin war Heilpraktikerin
gewesen. Doch wir standen auf der Terrasse, sahen in
den Irisgarten und beschlossen, dass wir hier und nirgendwo anders leben wollten.«

Binettes Mutter musste nach der Besichtigung des Kauf-
objekts erst einmal einen doppelten Korn trinken und
riet der Tochter dringend und voller Sorge von dem Er-
werb des Hauses ab. Selbst manche Handwerker schreck-
ten vor dem Zustand der Räume zurück. Doch das Paar
war von seinem Vorhaben nicht abzubringen, zumal ein
befreundeter Architekt ihre Begeisterung für das Haus
teilte. Die Umbauzeit war sehr arbeitsintensiv, dafür
aber schon nach wenigen Monaten abgeschlossen. »Bis
zur Fertigstellung aller Umbauten war ich täglich am
Bau. Ich war der Polier, der dafür sorgte, dass alles klapp-
te.« Im März 1978 schon konnten Binette Schroeder und
ihr Mann einziehen. Unmittelbar danach begannen sie
mit dem Anbau des großen Ateliers. Es besteht im
Wesentlichen aus polnischem Kiefernholz. Dem Ehepaar
war die Schönheit dieses Holzes während einer Polenrei-
se aufgefallen. Es ist sehr feinporig und widerstandsfähig,
um den kalten polnischen Wintern trotzen zu können.
Auch die Fensterrahmen und die Wendeltreppe, die hinauf zur Galerie führt, wurden aus dem Holz gefertigt,

Links: Das alte Spielzeugpferd aus Berlin trägt die afrikanischen Glasketten und die perlenbestickte Tasche aus Nigeria.
Ganz links: Die Wendeltreppe verdeckt den Blick auf die Galerie mit den Bildern von Illustratoren-Kollegen. Im Hintergrund rechts die Kinderbilderbuchsammlung, in den Vitrinen die Puppensammlung.

und zwar von einem ehemaligen Wagnermeister, der in seiner Jugend noch gelernt hatte, Kutschen zu bauen. Dieser Meister brachte eines Tages seine Tochter mit, die gerade ihre Gesellenprüfung im Schreinerhandwerk abgelegt hatte. »Mit ihr arbeite ich noch heute zusammen, sie hat mittlerweile den Betrieb des Vaters übernommen. Sie verwirklichte meine Küchenentwürfe und -ideen. Es ist etwas Wunderbares, mit einer Frau zusammen eine Küche zu planen!«

Natürlich stand auch die Umgestaltung des Bades an. Binette Schroeder wünschte sich ein ganz einfaches weißes Bad mit einem umlaufenden ultramarinblauen Streifen als Bordüre. »So seltsam es klingt, aber so etwas war damals in ganz München nicht zu kriegen. Ende der 1970er Jahre waren die Fliesen für Bäder und Küchen vorwiegend beige mit Streublümchen. So entschloss ich mich, mir meine Fliesen selbst zu bemalen. Diesem Vorhaben ging freilich eine lustige Geschichte voraus: In unserer vorigen Wohnung stand das alte schättrige Sofa meiner Großmutter, dessen Bezug unbedingt erneuert werden musste. Ich lief damals in ganz München herum und suchte überall nach einem passenden Stoff. Ich weiß nicht, wie oft ich Stoffmuster nach Hause schleppte und wieder zurückbrachte – es gefiel mir kein einziges. Als ich das vierte oder fünfte Mal recht verzweifelt mit einem dicken Packen unter dem Arm zu Bernheimer, einem der altehrwürdigsten Münchener Einrichtungshäusern, zurückkehrte, lief der Verkäufer, ein rothaariger junger Mann, dunkelrot an und sagte mit unterdrücktem

Oben: Der Garten, wo im Sommer in großer Fülle Iris blüht.
Rechts: Das Schlafzimmer im ersten Stock mit dem selbst bemalten Sofa, darüber ein Bild in Öl des Berliner Malers Peter Ackermann.

Zorn und Arroganz in der Stimme: ›Wenn Sie bei uns nichts finden, dann malen Sie sich Ihren Stoff doch selbst an!‹ Ich stutzte einen Moment lang, dann strahlte ich: ›Das ist *die* Idee. Warum haben Sie das nicht gleich gesagt?‹« Binette Schroeder kaufte einige Meter robustes Segeltuch, ließ es vom Tapezierer zuschneiden und bemalte es kunstvoll mit grünen Bäumen. Wie ein Bild möchte man das Sofa nun betrachten und traut sich kaum, sich darauf zu setzen.

So hatte die Illustratorin bereits beste Erfahrungen mit dem Selbst-Bemalen gemacht, als sie sich an das Badezimmer machte. Mit einem geliehenen Lastwagen transportierte sie an die 2500 hellgraue Industriefliesen in die Werkstatt einer befreundeten Keramikerin. Vor dem Brand glasierte sie die Fliesen und bemalte sie im Delfter Blau. Ganze sechs Monate nahm diese Arbeit in Anspruch, denn etwa ein Viertel aller Fliesen kamen fehlerhaft aus dem Ofen und mussten ausgebessert und ein zweites Mal gebrannt werden. Betritt man heute Binette Schroeders Badezimmer, so steht man in einem lichten blauen Wald mit vielen überraschenden, liebevoll gemalten Details: Käfer, Mäuse, ein Vogel mit Nest, ein kleiner Hund – es ist, als befände man sich in der Welt von Binette Schroeders Bilderbüchern. Vierzehn Jahre später ging sie nochmals ans Werk und gestaltete die Fliesen für Küche und WC. Die Fortentwicklung und Verfeinerung ihres Illustrationsstils spiegelt sich auch in diesen Fliesenmalereien wider.

Die künstlerische Begabung von Binette Schroeder erhielt bereits in früher Kindheit durch ihre Großväter, beide Hamburger Kaufleute, wichtige Impulse. Georg Semper, ein Neffe des bekannten Architekten Gottfried Semper, war ein höchst musischer und musikalischer Mann. Berthold Schroeder war Sammler und Mäzen. Von seiner großen Bibliothek fühlte sich Binette schon als kleines Mädchen magisch angezogen. Die Bildbände über Hieronymus Bosch und Pieter Bruegel d. Ä., die Großvater Schroeder ihr zeigte, haben, so urteilt die Künstlerin rückblickend, die wesentlichen Fundamente für ihre Bilderwelt gelegt und einen stärkeren Einfluss auf ihre Kunst ausgeübt, als dies je Kinderbilderbücher hätten tun können.

Binettes Vater fiel im Zweiten Weltkrieg, und das Mädchen wuchs fortan in Garmisch-Partenkirchen bei ihrer Großmutter auf. Sie besuchte dort eine katholische Klosterschule. In den ersten Schuljahren war sie von der Ordenstracht der Lehrerinnen völlig fasziniert. Mit Vorliebe zeichnete sie schwarz gewandete Klosterschwestern, die auf Schimmeln und mit wehenden Schleiern über die Berge ritten. Der Zeichenlehrerin des Lyzeums, einer kleinen temperamentvollen Nonne, deren Kopfbedeckung immer ein wenig schief auf ihrem Haupte saß, sodass das krause Haar hier und da unkeusch hervor-

P&B
ANNO
DOMINI
MCMLXXVII

lugte, verdankt sie ihr erstes Kinderbuch. Sie las nämlich den Kindern die Geschichte *Kasperl kommt nach Afrika* vor und beauftragte sie dann, ein Bild dazu zu malen. Binette malte viele Bilder und den Bucheinband gleich dazu. Zu ihrem großen Stolz wurden die Illustrationen im Treppenhaus der Schule aufgehängt. Das war die erste öffentliche Ausstellung des damals zwölfjährigen Mädchens. »Ich war ein typisches Einzelkind«, erinnert sich Binette Schroeder. »Ich habe sehr viel mit Erwachsenen zusammengelebt. In der Schule hatte ich eine Sonderstellung, weil ich so gut zeichnen konnte. Cliquen interessierten mich nicht. Ich hatte nur sehr wenige gute Freunde und war eigentlich am liebsten allein mit meiner Lieblingsbeschäftigung, dem Zeichnen.« Zu dieser frühen Zeit fasste Binette Schroeder bereits den Entschluss, das Illustrieren von Geschichten zu ihrem Beruf zu machen. Nach der Schule studierte sie Gebrauchsgrafik, zuerst in München, dann an der renommierten Allgemeinen Gewerbeschule in Basel. Anschließend zog es sie nach Berlin, wo sie als freie Grafikerin, Porträtfotografin und als Illustratorin arbeitete.

»Am Anfang meiner Bücher stehen immer Bildvisionen, Bilder, die mir vor dem Einschlafen durch den Kopf spuken. Nehmen Sie als Beispiel mein Buch *Lupinchen*. Zwei Bilder hatte ich gemalt, ohne überhaupt eine Geschichte dazu zu haben. Mit diesen beiden Bildern zog ich auf der Frankfurter Buchmesse von Stand zu Stand. Natürlich biss kein Verleger an. Es war ja kein fertiges Buch. Nur Dimitrij Sidjanski, der Verleger des Nord-Süd Verlages, witterte hinter den Bildern einen möglichen Erfolg. ›Schreiben Sie mir bis morgen früh eine Geschichte dazu‹, sagte er. Das tat ich, und es entstand das Buch, das mir auf Anhieb international den großen Durchbruch bringen sollte.«

In der Tat war *Lupinchen* weltweit sehr erfolgreich. Die größte Anerkennung wurde dem Werk in Frankreich und Japan zuteil. Ein japanischer Kunstkenner verglich die Wirkung der Bilder mit der von Haikus, jenen dreizeiligen japanischen Kurzgedichten. Die Weite der Räume lasse es zu, ureigenste Vorstellungen in die Bilderwelt dieses Buchs hineinzuprojizieren. »Ich arbeite gern mit weiten Räumen, und ich arbeite sehr gern mit der Leere, mit dem Weglassen. Was das betrifft, fühle ich eine große Affinität zur japanischen Kultur. Ich saß einmal in Kyoto in einem Zen-Garten, dem Garten mit den Sandkegeln. Die abstrakte Klarheit dieser Gartenkomposition bewegte mich so sehr, dass mir Tränen in die Augen stiegen. Ich empfand, dass hier all das vorhanden war, was wir Westler mit unseren Versuchen um Reduktion und Abstraktion so verbissen anstreben. Ganz selbstverständlich war es da, seit Jahrhunderten vorhanden und gepflegt. Nur leider, oder soll ich sagen: Gott sei Dank, sind die Räume, in denen ich lebe, alles andere als reduziert, leer oder

Oben: Ein Vitrinenaufsatzschrank. Die Ofenfliesen schuf Binette Schroeder zeitgleich mit den Fliesen des Badezimmers. Links: Das ganz individuell gestaltete Badezimmer mit angrenzendem Schlafzimmer.

Oben: Binette Schroeder an der Staffelei – mit Gartenblick.

Rechts: Das Blaue Gästezimmer. Über dem Sekretär ein chinesisches Hinterglasbild. Die zwei bunten Tonpfeifenfiguren brachten russische Freunde mit.

mit den ernsten Augen: Während eines kurzen Aufenthalts in Barcelona, als Binette Schroeder am frühen Morgen durch die kühlen Gassen ging, hatte sie plötzlich das Gefühl, beobachtet zu werden. Sie wandte sich erstaunt um. »Aus dem Schaufenster eines Antiquitätengeschäfts heraus fixierte mich ein Paar dunkler Augen in einem kleinen weißen Gesicht. Sie ließen mich nicht los.« Diese Puppe war die erste in Binettes kleiner Sammlung.

Binette Schroeders Wohnräume sind voller »Sammlungen«, doch als wirkliche Sammlerin bezeichnet sich die Illustratorin nicht – eher als eine Ansammlerin. Eine Ausnahme machen vielleicht die dreitausend Kinderbücher, die sie im Laufe ihres Berufslebens aus Interesse an zeitgenössischer Illustration bewusst und systematisch zusammengetragen hat.

Zu einigen Bilderbüchern Binette Schroeders hat ihr Mann Peter Nickl die Texte geschrieben. Die beiden lernten sich am Rosenmontag 1971 in München auf einem Faschingsfest kennen. Im Mai des gleichen Jahres zogen sie zusammen, im August wurde geheiratet. Es war Liebe auf den ersten Blick – und das ist es noch heute. Binette Schroeder und ihr Mann, der hauptberuflich internationale Handwerks- und Kunsthandwerksausstellungen organisiert, teilen sehr viel, nicht zuletzt das Interesse für die Gestaltung ihres Zuhauses. »Es ist herrlich, mit einem Mann zusammenzuleben, mit dem man in Fragen des Geschmacks fast immer auf gleicher Wellenlänge liegt.«

Der ursprünglichen ländlichen Einfachheit der Architektur folgend, prägt handwerkliche Ästhetik die Atmosphäre des Hauses. Die langen hölzernen Dielen im Atelier sind zum Beispiel nur geschrubbt, nicht gewachst oder versiegelt, wodurch sie eine ganz besondere, fast bäuerliche Patina angenommen haben.

»Eine Besonderheit in unserem Hause ist sicherlich auch die farbige Gestaltung der Räume. Früher lebten wir überzeugt in Weiß. Das hat sich grundlegend geändert. Nun halten wir es lieber mit Goethe, der für jeden Raum Unverwechselbarkeit forderte. Da trägt die Farbe ja ihren Teil dazu bei. Vorherrschend ist in unserem Haus sicherlich meine Lieblingsfarbe Blau, bedingt allein schon durch die Räume mit den Fliesen. In der Küche wird das Blau kontrastiert durch ein freches Französisches Grün. Unzählige Überlegungen, Farbmuster und Proben sind der endgültigen Farbabstimmung vorausgegangen. Sehr geholfen haben mir dabei die farbigen Papiere, die ich noch während meiner Studienzeit in Basel aus dem Nachlass einer Buchbinderei gekauft habe. Seit einigen Monaten ist unser Esszimmer rot. Es ist ein Rot, das zwischen allen Schattierungen liegt und sich zu den einzelnen Tages- und auch Nachtzeiten völlig anders gibt: eine aufregende Farbe und neuerdings auch ein aufregender Raum.«

auf das Wesentliche beschränkt. Im Gegenteil, ich gehe optisch durchs Leben, und unser Haus gibt das wieder, was mich in meinen einzelnen Lebensphasen fasziniert und begeistert hat, und da ist im Laufe der Zeit eine ganze Menge zusammengekommen.«

Nein, Leere kennt Binette Schroeders Haus nicht. Es ist angefüllt mit Dingen, die der Künstlerin etwas bedeuten: Bilder, Bücher, Marionetten, Puppen, Pferde, Steine, Keramiken ... »Alle diese Dinge haben ihre Geschichte. Sie sind mit bestimmten Erlebnissen verbunden.« Der Teddybär mit dem besorgten Gesicht etwa, der im Esszimmer auf einem kleinen alten Kinderstuhl in der Ecke sitzt, begleitet Binette seit ihrer Kindheit. Er spielt eine Hauptrolle in ihrem letzten Buch *Laura*. Oder die Puppe

Rechts: Das Rote Esszimmer.
Der melancholisch blickende
alte Teddy begleitet Binette seit
ihrer Kindheit. Er sitzt auf
einem Empire-Kinderstühlchen,
das aus dem Hause der Großeltern Semper stammt.
Ganz rechts: Auf der Heizungs-
abdeckung die Strumillo-Lampe,
im Hintergrund ein chinesischer
Hochzeitsschrank.

Das Haus bei München ist ein Ort der Geselligkeit. Ob
Ostern gefeiert wird oder ein Sauerkrautfest – das Kraut
wird selbst gestampft! –, Binette Schroeder deckt dann
eine geschmack- und stilvolle Tafel. Nicht selten setzt dabei Handwerkskunst aus Afrika oder Asien Akzente, wie
etwa die Tischdecken, die die Illustratorin aus Namibia
mitbrachte und deren wunderbar kräftige, leuchtende
Farben sie auch künstlerisch inspirieren.

Zuweilen hinterlassen auch die Gäste Spuren in Binette
Schroeders Haus. Als der polnische Maler Andrzej Stru-
millo einmal zu Besuch kam, fiel ihm gleich der frisch
bezogene, gelbseidene Lampenschirm ins Auge, und er
verlangte nach Tusche und einem chinesischen Pinsel.
Sodann zeichnete der Meister der Kalligrafie seine War-
schauer Adresse und die seiner Datscha in Masuren auf
die Vorder- und Rückseite des Schirmes. Und während er
immer wieder zurücktrat, um sein Werk zu begutachten,
seufzte er tief: »Schöne Lampe, ganz kaputt!« Dieser
Ausspruch ist seitdem für Binette Schroeder und Peter
Nickl ein geflügeltes Wort, das sie häufig verwenden,
wenn eine Sache beendet wurde und rundherum gelungen ist.

Diese und noch viele andere Begebenheiten werden dem
Besucher eindrucksvoll und mit viel Temperament erzählt – das Haus der Binette Schroeder ist nicht nur ein
Haus voller schöner Dinge, es ist auch ein Haus voller
schöner Geschichten.

VICTORIA MIRO
GALERISTIN, LONDON

DURCH DIE KLARHEIT IN MEINEN RÄUMEN SCHAFFE ICH DER KUNST EINE WIRKUNGSSTÄTTE.

ictoria Miro ist eine der bedeutendsten Galeristinnen Londons. Jeden Monat präsentiert sie eine andere Ausstellung moderner Kunst in ihrer Galerie in der noblen Londoner Cork Street. Bevor sie im Jahre 1985 die Victoria Miro Gallery eröffnete, besaß sie kleinere Räume in Paddington, und ganz zu Anfang stellte sie in der Anwaltskanzlei ihres Mannes aus. »Eigentlich bin ich Malerin«, erzählt die Engländerin. »Ich habe an einer sehr berühmten Kunstschule studiert. Doch als ich meine Kinder bekam, verblasste mein Wunsch, selbst zu malen. Ich glaubte, er würde wieder erwachen, wenn die Kinder groß sind, aber dem war nicht so. Also konzentrierte ich mich auf anderes.« Seitdem setzt sich die Galeristin für die moderne Kunst ein. Vor allem junge britische Künstler wie die Londonerin Abigail Lane stellen häufig bei ihr aus.

Victoria Miro ist viel auf Reisen. Auf der ganzen Welt unterhält sie Kontakte zu Künstlern, mit vielen ist sie befreundet. Sie trifft sie in ihren Ateliers oder in Galerien und verhandelt mit ihnen über eine Ausstellung in der Victoria Miro Gallery. Ist die Galeristin nicht unterwegs, gestaltet sich ihr Berufsalltag kaum geruhsamer. Bis spät abends und zuweilen unter großem Zeitdruck arbeitet sie in ihrer Galerie, plant, organisiert, eröffnet Ausstellungen. »Deswegen brauche ich in meinem Zuhause Klarheit, um denken und mich ausruhen zu können.« Ihr großer weißer Wohnraum, so erzählt Victoria

Rechts: Im großen Wohnraum wechselt die Galeristin regelmäßig die modernen Kunstwerke aus. Durch die deckenhohen Milchglaswände vor den Fenstern fällt nur ein diffuses Licht. Seite 48: Blick in den Garten. Das Haus liegt in Hampstead, einem Londoner Viertel, in dem Häuser im viktorianischen Baustil dominieren.

Miro, sei für sie eine Oase der Ruhe. Manchmal reiche eine halbe Stunde, um wieder Energie zu tanken. Sie empfindet diesen Raum als einen friedvollen, fast meditativen Ort.

1978 zog Victoria Miro mit ihrer Familie in den Londoner Stadtteil Hampstead. Der Architekt Claudio Silvestrin entwarf zusammen mit einem Kollegen einen faszinierenden Umbauplan für das viktorianische Haus mit seinen vormals kleinen dunklen Zimmern. Victoria Miro erinnert sich noch, wie enttäuscht sie war, als der Denkmalschutz ihnen untersagte, die Außenfassade des Hauses zu verändern. Für einen Anbau im Garten lag dagegen eine Baugenehmigung vor. Geplant war, dort eine auch als Familienraum nutzbare Küche unterzubringen. Nachdem aber die Umbauarbeiten an dem Haus schon ein Jahr gedauert hatten, wollten die Miros endlich einziehen und verzichteten auf die Erweiterung.

Begeistert ist Victoria Miro heute noch von den großartigen Lösungen, die die Architekten für die Innenräume gefunden haben, zum Beispiel die Milchglaswände vor den Fenstern, durch die ein weiches, diffuses Licht in die Räume fällt. Ein minimalistischer Stil prägt das Haus auf beiden Etagen. Jeder Raum weist einfache, gerade Formen auf, die alles dominierende Farbe ist Weiß. Miros Kinder verbrachten ihre Teenagerzeit in diesen Räumen. Sie mussten erst lernen, ihre Sachen nicht überall herumliegen zu lassen, sondern sie in den weißen Wandschränken zu verstauen. Victoria Miro sieht noch lebhaft vor sich, wie ihr immer alles entgegenfiel, sobald sie einen Schrank öffnete.

Häufig sind junge Künstler zu Gast bei Victoria Miro. Für sie ist im Haus in Hampstead extra ein Zimmer eingerichtet. Ihre Werke sind Dauergäste im Wohnhaus der Galeristin, an beinahe jeder Wand hängt ein bedeutendes Gemälde moderner Kunst. »Durch die Klarheit in mei-

Oben: Victoria Miro heißt ihre Gäste willkommen. Das Ehepaar Miro war sehr enttäuscht, als der Denkmalschutz untersagte, die Außenfassaden ihres Hauses nach eigenen Plänen zu ändern. Rechts: Das Badezimmer.

nen Räumen schaffe ich der Kunst eine Wirkungsstätte.« Kein Zierrat verstellt diese Transparenz. Es gibt keine Pflanzen, keine Leuchter, keine Gardinen, kein ablenkendes Detail. Kein Möbelstück ist zu viel. Die Galeristin trennt sich von allem, was überflüssig ist. Sie besitzt keine Erinnerungsstücke aus ihrer Kindheit oder Jugend. Sie braucht keine Dinge, sagt sie. Denn was wirklich zählt, habe sie gespeichert, sei in ihr selbst.

Schon als Kind war Victoria von Malerei ebenso fasziniert wie von weißen, leeren Räumen. Als sie von ihren Eltern ein eigenes Zimmer bekam, riss sie alles Überflüssige heraus und schaffte sich diese Klarheit, die sie auch heute noch braucht. Vielleicht entstand Victorias Bedürfnis nach einem minimalistischen Stil während der alljährlichen Ferienaufenthalte mit den Eltern in Italien. Das Mädchen begeisterte sich bereits damals für Kirchen und Klöster, in deren Räumen Einrichtung auf das Wesentliche reduziert war.

»Als wir unser Haus in Hampstead einrichteten, vermuteten die Nachbarn, dass wir Deutsche seien. Von Deutschen erwartet man, dass sie alles Traditionelle, wie zum Beispiel einen alten Kamin, herausreißen.« Wenn Engländer zu Besuch kommen, erzählt Victoria, seien sie von der Raumgestaltung oft schockiert. Manchmal fragten sie, wann denn der Teppich geliefert und die Gardinen aufgehängt würden. Kontinentaleuropäer oder Amerikaner dagegen könnten mit dem Stil des Hauses meist etwas anfangen.

Obwohl Victoria Miro ihr ganzes Leben in England verbracht hat, fühlt sie sich in New York eher verstanden. »Es ist wunderschön, in England zu leben, mit Engländern zusammen zu sein. Doch kulturell sind einem hier Grenzen gesetzt.« Der typische Engländer blicke immer zurück, achte sehr auf Tradition, lebe sein geordnetes Leben. »In Künstlerkreisen jedoch lebt man so, wie man möchte, nicht so, wie man sollte.« Nicht selten sind in der britischen Presse Angriffe gegen die moderne Kunst und Architektur zu lesen. Nur langsam, sehr langsam verändert sich die Situation, tastet sich auch die britische Öffentlichkeit vorsichtig an die gegenwärtige Kunst heran.

Victoria Miro sitzt ein bisschen zwischen den Stühlen, pendelt ständig zwischen der traditionellen Welt, in der die Freunde und Kollegen ihres Mannes leben, und der Welt der Künstler. Unerschütterlich aber engagiert sich die Galeristin für die moderne Kunst, verleiht sogar regelmäßig Werke aus ihrem Privatbesitz an Museen und Galerien im In- und Ausland. Und unerschütterlich ist – trotz der Vorbehalte ihrer Landsleute gegen ihre Leidenschaft für die moderne Kunst – Victorias Anhänglichkeit an England, an London. »Mein Leben ist sehr verbunden mit London. Ich kann mir nicht vorstellen, jemals diese Stadt zu verlassen.«

ABIGAIL LANE
KÜNSTLERIN, LONDON

ES IST MEIN RAUM, ABER ER HAT EINE OFFENE TÜR.

*F*n der Londoner Curtain Road, zwischen den U-Bahn-Stationen Liverpool Street und Old Street, steht ein großes fünfgeschossiges, im viktorianischen Stil erbautes Haus, das vornehmlich an Künstler, Grafiker, Modedesigner und Handwerker vermietet ist. Fährt man mit dem Fahrstuhl in die fünfte Etage, gelangt man in die Welt von Abigail Lane. »Vor etwa fünf Jahren verliebte ich mich in dieses Loft, hatte auf meinem Konto aber nur noch 78 Pfund«, erzählt die Künstlerin. Nachts schlich sie sich in die leer stehende und unverschlossene riesige Etage, betrachtete durch die großen Fenster den Nachthimmel Londons und überlegte, wie sie so viel Geld zusammen bekommen könnte, dass sie hier leben und arbeiten könnte. »Dieser Ort sprach zu mir und ich verschrieb mich ihm.« Dann hatte sie die Idee, verschiedene Freunde und Förderer zu bitten, ihr jeweils zweitausend Pfund zu geben. »Ich sagte: ›Ich garantiere nichts. Ihr wisst, wie ich bin, vertraut mir.‹ Sie wussten, dass, wenn ich mich einmal entschieden hatte, diesen Ort zu nutzen, ich all meine Energie hineinstecken würde. Am Ende hatte ich 18 000 Pfund zusammen.« Sie hat dieses Geld nie gebraucht, um ihre Miete zu zahlen, denn Abigail Lane ist inzwischen eine gefragte Vertreterin der jungen britischen Kunst. »Wenn dieser Raum etwas bewirkt hat, dann, dass ich noch kreativer geworden bin.« Ihre Arbeiten – Bilder, Skulpturen und Installationen – sind seit ein paar Jahren auf der ganzen Welt zu sehen, viele hat der bekannte Sammler Charles Saatchi gekauft.

Rechts: Abigail an der Tür des Fahrstuhls, mit dem man in ihr geräumiges Loft gelangt.
Ganz rechts: Atelier, Büro, Wohnraum, Küche, Friseursalon, und dazu ein noch Stuhl, der wie durch Zauberhand auf drei Beinen stehen kann.
Seite 54: Auf der Galerie befinden sich Abigails Privaträume.

Als Abigail Lane das Loft anmietete, war es noch nicht ausgebaut. Zusammen mit der Künstlerin Sarah Lucas legte sie den Fußboden. Andere Freunde kamen und halfen ihr beim Einrichten. Das gläserne Dach und die großen, unverhängten Fensterfronten, die kaum Platz für Bilder lassen, sorgen für einen optimalen Lichteinfall. Der riesige Raum ist in verschiedene Wohn- und Arbeitsbereiche aufgeteilt. Gegenüber dem Eingang befindet sich die Küche mit einem Tisch und Stühlen. Vor einer Fensterfront steht ein Sofa, und an einer Wand hat sich Abigail Lane ihr Büro mit einem großen Schreibtisch, Computer und Bücherregalen eingerichtet. Über dem Schreibtisch hängt eine große Schwarz-Weiß-Fotografie von einem Pitbull-Terrier. *For His Own Good* (»Zu seinem Besten«) heißt dieses Werk der Künstlerin, und Abigail Lane erinnert sich noch, wie betrübt der Hund aussah, als ihm für das Foto der Maulkorb angelegt wurde. »Weil mir so viele Menschen geholfen haben, hatte ich von Anfang an das Gefühl, dass dieser Platz nicht nur für mich allein da ist, sondern auch für meine Freunde. Es ist mein Raum, aber er hat eine offene Tür.« In Abigails Atelier treffen sich Künstler, um einzeln oder zusammen, am Tag oder auch in der Nacht an neuen Projekten zu arbeiten. »Eine der größten Veränderungen, die das Leben an diesem Ort mit sich brachte, ist, dass ich manchmal morgens aufwache, und es ist schon jemand da, der arbeitet.« Abends wird oft gefeiert. Zu einem rauschenden Geburtstagsfest schenkten ihr Freunde den kleinen Flügel. Abigail Lane hält ihn für eines der wertvollsten Dinge,

die sie besitzt. Doch ist es eher selten, dass sie eine emotionale Bindung zu Gegenständen entwickelt. »Ich muss eine Tasse nicht unbedingt behalten, nur weil sie aus meiner Kindheit ist. Die Tasse begleitet mich ein Stück des Weges, überlebt – oder zerbricht. So ist es mit allen Dingen im Leben, auch mit den Menschen.«

Abigails Eltern trennten sich, als sie vier Jahre alt war. Mit ihrer Mutter und ihrer Schwester zog sie von Cornwall nach Bristol. Sie wohnten in einem riesigen Haus, das einer ungarischen Familie gehörte. Um die Ecke war ein Café, in dem sich am Sonntagmorgen die Leute zum Kaffeetrinken trafen, was Anfang der 1970er Jahre in England noch etwas recht Ungewöhnliches war. Als das kleine Café schloss, montierte Abigails Mutter das Schild ab und hängte es in ihrer Küche wieder auf. Von nun an traf man sich bei ihr zum Kaffeetrinken.

Abigail überlegt, ob sie in ihrem Loft auch ein Café einrichten sollte. »Ich finde es faszinierend, Dinge, die normalerweise draußen stattfinden, nach Hause, in meine Innenwelt zu holen.«

Jeden Freitag strömen Londoner Künstler ins Loft der Künstlerin in der Curtain Road, um sich von einem australischen Friseur die Haare schneiden zu lassen. Ein großer, dreiteiliger Standspiegel, ein Friseurstuhl und Zeitschriften bilden einen richtigen kleinen Friseursalon in Abigail Lanes Atelier. Für das Haareschneiden wird auch wirklich bezahlt. »Es handelt sich dabei nicht um Kunst, sondern um ein Geschäft.«

Dennoch bieten die Freitagabende auch eine weitere Möglichkeit für die Künstler, um sich über ihre Arbeit auszutauschen. Und Abigail Lane fegt die abgeschnittenen Haare auf und benutzt sie für ihre Skulpturen und Objekte. Überall im Loft, ob im Wohnbereich, im Atelier, im Büro oder im Friseursalon, stößt man auf Materialien oder Produkte für Abigails Arbeit: Tierhörner, aufgespießte Insekten, Glasaugen oder täuschend echt aussehende Frauenbeine, die aus dem Material geformt sind, mit dem auch im Wachsfigurenkabinett von Madame Tussaud gearbeitet wird.

Eine schmale Holztreppe führt hinauf zu einem Zwischengeschoss. Hier befinden sich Abigails Privaträume. Doch wirklich ungestört ist sie auch dort nie, denn aus dem Atelier dringen meist die Stimmen der anwesenden Künstler zu ihr hinauf – wenn sie im Loft etwa gerade

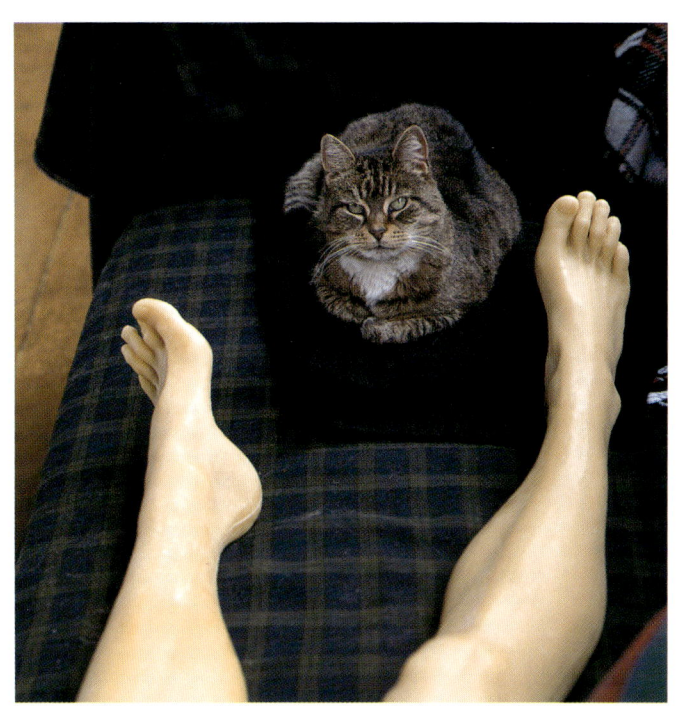

Oben: Wohlgeformte Beine mit Katze. Die Beine wurden aus dem Material gefertigt, mit dem auch seit vielen Jahren im Wachsfigurenkabinett von Madame Tussaud gearbeitet wird. Links: Im Friseursalon.

Oben: Über dem Schreibtisch
das Werk *For His Own Good*
(»Zu seinem Besten«).
Oben rechts: Filz, Haare, Insek-
ten – Materialien, mit denen die
Künstlerin gern arbeitet.
Ganz rechts: Der Schlafraum.

eine Bühne errichten, wie damals für den Auftritt des
großen Feuer- und Schwertschluckers Stromboli.
Abigail Lane genießt es, von dem Geld, das sie mit ihrer
Kunst verdient, an diesem Ort leben zu können. Sie erinnert sich an ihre Mutter, die, ohne viel Geld zu haben, von Wohnung zu Wohnung zog und immer sehr bewusst und individuell eingerichtet war. Plastikpalmen
und Porzellanhunde schmückten damals die Räume,
Wohnaccessoires, mithilfe derer man sich in den 1970er
Jahren vom Geschmack der breiten Masse zu unterscheiden suchte. Die Küche war in allen Wohnungen, in denen die Familie lebte, gelb. Die Farben Schwarz und Rot,
in denen Abigails Kinderzimmer gehalten war, tauchen
auch in ihrem Loft wieder auf. Als die Mutter irgendwann Geld erbte, machte sie die Wohnung »schön und
heil«, und alles, was Abigail vorher als besonders empfun-
den hatte, verschwand. Nur der pornografische Wand-
schirm nicht. »Als ich in die Pubertät kam, war mir das
Ding peinlich. Ich baute mich immer vor ihm auf, damit
meine Freunde ihn nicht sehen konnten.«
Obwohl ihre Mutter und ihr Stiefvater selbst keine
Künstler waren, unterstützten sie die künstlerischen
Ambitionen ihrer Tochter sehr. Ende der 1980er Jahre
beendete Abigail ihr Kunststudium am renommierten
Londoner Goldsmiths College. Seit dieser Zeit fehlen die
Arbeiten der Künstlerin auf kaum einer Ausstellung der
jungen britischen Kunst in Europa oder den USA.
Wichtiger jedoch als so manches Museum und auch als
manche Galerie erscheint Abigail Lane der Inspirations-
und Arbeitsraum unter dem Dach des viktorianischen
Geschäftshauses – nicht zuletzt deshalb kommen ihre
Freunde immer gerne in die Curtain Road zwischen den
U-Bahn-Stationen Liverpool Street und Old Street.

HENRIETTA SPENCER-CHURCHILL
INNENDESIGNERIN, OXFORD

DEIN HAUS IST DEIN ZUHAUSE, ES SOLLTE DEINE
PERSÖNLICHKEIT WIDERSPIEGELN.

enrietta Spencer-Churchill ist die älteste Tochter des 11. Herzogs von Marlborough. Ihre Kindheit verbrachte sie auf einem prachtvollen Familiensitz – in Schloss Blenheim in Oxfordshire. »Die Leute stellen sich meist vor, dass jemandem, der in einem Haus wie Blenheim aufgewachsen ist, auch all die wunderbaren Möbel dort gehören müssten. Das ist aber nicht so, weil die Möbel in dem Haus bleiben und von Generation zu Generation weitervererbt werden.« Doch ganz sicher war es diese Umgebung, die Lady Henriettas Interesse an Architektur und Einrichtung weckte und ihren Stil prägte. Schon als Kind konnte sie sich für Gemälde und Möbel begeistern.

»Den Gedanken, Architektin zu werden, verwarf ich aus zwei Gründen bald wieder: Erstens wollte ich nicht so lange studieren, zweitens kann man in England als Architekt nicht sehr kreativ sein, denn es wird nicht viel Neues gebaut. Und ich wollte unbedingt mit Privathäusern und nicht mit kommerziellen Bauten zu tun haben.« So entschloss sich Lady Henrietta Spencer-Churchill, Interior Design zu studieren und damit ihrem leidenschaftlichen Interesse für Kunst und Architektur, für Möbel und Inneneinrichtung nachgehen zu können. Sechs Monate lebte sie in Florenz, neun in Paris. Sie lernte die Sprachen, beschäftigte sich mit Kunst, durchforstete Antiquitätenläden. In London besuchte sie anschließend eine Design-Schule und arbeitete nach Abschluss des Studiums bei der Innenarchitektin Diana Hanbury. »Diana

Oben: Edle Accessoires, eigene
Stoffentwürfe und Antiquitäten
begeistern die Designerin.
Rechts: Symmetrie als Stilmittel.
Seite 62: Der Salon.

war wundervoll. Bei ihr erwarb ich viel Praxis. Das ist wesentlich, denn ich glaube nicht, dass es gut ist, direkt nach dem Studium eine Firma zu gründen. Man ist einfach noch zu unerfahren. Ich lerne auch jetzt, nach zwanzig Jahren als selbständige Unternehmerin, noch immer dazu. Jedes Projekt ist eine neue Herausforderung. Der jeweils andere Stil eines Hauses verlangt es, sich den Dingen immer wieder neu zu nähern.«

1981 gründete Lady Henrietta Spencer-Churchill ihre eigene Firma Woodstock Designs in der Nähe von Oxford. Sie arbeitet dort mit einem Team von Designern zusammen. Eine zweite Firma befindet sich mittlerweile in London. Henrietta bietet ihren Kunden einen *full service*: von der Renovierung des Hauses oder der Wohnung über das Aufarbeiten von Möbeln bis hin zur Inneneinrichtung plant und führt sie sämtliche Arbeiten durch. Hauptsächlich gestaltet sie Privathäuser, sie wird aber auch mit der Einrichtung von Hotels, Restaurants oder Büros betraut.

Henrietta liebt die Abwechslung in ihrer Arbeit. »Es ist allerdings so, dass man mich in der Design-Welt eher mit dem klassischen, traditionellen Stil identifiziert. Es wäre schön, wenn mich auch mal jemand bäte, eine moderne Wohnung einzurichten. Aber leider ist das bisher noch nicht geschehen.« Oft wird Henrietta Spencer-Churchill nach dem typisch englischen Stil gefragt. Vor allem in den USA, wo sie auch Kunden hat und einmal im Monat an

Links: Mit feinem Gespür aus-
gesucht – wertvolles Geschirr,
Leinen und Silberbesteck.
Ganz links: Stilvoll und gastlich,
Henriettas Markenzeichen.

einer Design-Schule unterrichtet, wird dieser Stil häufig
kopiert. Gemäß der Philosophie der engagierten Innendesignerin hat aber Stil viel mehr mit der Struktur eines
Gebäudes und mit seinen inneren architektonischen Details zu tun hat als mit Dekoration. Sicher versucht Lady
Henrietta, ihre Kunden in Stilfragen zu überzeugen, sie
vergisst trotzdem nie, dass es ihre Auftraggeber sind, die
schließlich in den Häusern leben werden, und zwingt diesen daher nicht ihren Geschmack auf.

Ihre eigenen Wohnräume wollte sich die Innenarchitektin eher zurückhaltend, bewusst nicht als repräsentative
Orte einrichten. »Für mich ist mein Zuhause ein Ort, zu
dem ich zurückkehre, an dem ich abschalten und mich
entspannen kann.« Doch natürlich spiegelt sich ihr Beruf
auch in ihrem Haus in Oxford wider. Die Gestaltung der
Räume zeugt von einer sicheren Hand für Proportionen
und Details. Henrietta Spencer-Churchill liebt Bilder
und Antiquitäten, und wo es ihr passend erscheint, hat
sie auch nichts dagegen, Modernes in einem traditionellen Umfeld zu platzieren. Es ist ihre große Leidenschaft,
übers Land zu fahren und Antiquitätenmärkte zu durch-
stöbern. Vor allem mit der Suche nach Bildern für ihre
Aquarellsammlung verbringt sie viel Zeit. »Es ist eine
meiner größten Schwächen, Dinge zu kaufen, die wert-
voll sind. Vor allem aber müssen sie mir gut gefallen,
Kunst ist etwas sehr Persönliches.« Ihr Haus sei auf keinen Fall ein *showpiece*, ein Vorzeigestück. »Ich habe Kinder, die viel Unordnung machen, und Hunde, die alles
anknabbern.«

Oben: Aufmerksam bewacht –
das Landhaus in Oxford.
Rechts: Vom Kaminzimmer aus
blickt man in den Garten, in
dem Lady Henriettas Kinder
und Hunde ausgelassen spielen
können.

Die Tafel, die Lady Henrietta bereitet, wenn sie Gäste einlädt, sieht ebenso prachtvoll aus wie die festlichen Gedecke in ihrem Buch *Stilvoll & Gastlich. Klassische Tafelarrangements.* »Edle Tischwäsche und funkelnde Gläser, poliertes Silber, Porzellan im klassischen Design, dazu exquisiter Blumenschmuck und liebevoll ausgewählte Accessoires – das sind die Zutaten, aus denen Henrietta Spencer-Churchill ihre Arrangements klassischer Tischkultur bereitet«, heißt es in dem Bildband.

Dem Schreiben widmet sich die Designerin nur an den Wochenenden. Schon das Verfassen und Gestalten ihres ersten Bildbands über die klassische englische Einrichtung hat ihr große Freude bereitet. Achtzig Prozent der Arrangements in diesem Buch hat Lady Henrietta selbst gestaltet, und sie hatte den Ehrgeiz, Fotos machen zu lassen, wie sie die Leser noch nicht aus Wohnzeitschriften kannten. Inzwischen sind von Henrietta Spencer-Churchill mehrere opulente Bildbände über Inneneinrichtung erschienen. »Eigentlich betrachte ich meine Bücher mehr als ein Hobby denn als ein Geschäft. Doch sie sind natürlich auch ein Marketing-Instrument. Und beim Recherchieren für das Schreiben lerne ich sehr viel.«

Der Beruf als Innendesignerin ermöglicht es der Engländerin, sich auf unterschiedlichen und immer wieder neuen Feldern zu betätigen. Sie schreibt Bücher, unterrichtet, hält Vorträge, engagiert sich in einem Verband von Innenarchitekten, entwirft Tapeten und Vorhänge. Vor ein paar Jahren moderierte sie sogar eine eigene Fernsehsendung, *Classic Interiors*, in der sie mit Experten über Inneneinrichtung diskutierte und praktische Ratschläge gab.

Trotz ihres Engagements und ihrer Bekanntheit hält sich Henrietta Spencer-Churchill in Einrichtungsfragen nicht für stilprägend. »Ich habe einen guten Ruf auf dem Gebiet des traditionellen Einrichtungsstils. Aber wenn man wie ich mit klassischen Interieurs arbeitet, kreiert man nichts Neues. Ich betrachte mich nicht als Avantgardistin.«

Den Stil eines Hauses zu respektieren und nicht verschiedene Stile planlos zu mischen, empfiehlt Henrietta Spencer-Churchill jedem, der sich einrichtet. Einen Ratschlag jedoch gibt die erfahrene Innendesignerin vor allen anderen: »Dein Haus ist dein Zuhause. Es sollte deine Persönlichkeit widerspiegeln.«

BÄRBEL BOHLEY
BÜRGERRECHTLERIN UND MALERIN, KROATIEN

WENN LEBEN KEINEN RAUM HAT, HAT ALLES ANDERE AUCH KEINEN RAUM.

ur knappe zwei Flugstunden von Frankfurt am Main entfernt liegt die kroatische Hafenstadt Split. Der Flughafen unmittelbar am Meer ist so überschaubar, dass die wenigen Menschen, die aus den beiden täglich landenden Passagiermaschinen steigen, zu Fuß zur Ankunftshalle geführt werden. Entlang der Küste fährt man aus der Stadt hinaus ins Umland. Auf dem Balkon eines der vielen Beton-Neubauten steht ein Junge und schießt mit seiner Wasserpistole. Dem Weg in Richtung Omis folgend, bauen sich vor einem die Berge auf, in denen die unvergesslichen Karl-May-Filme gedreht wurden. Eine schmale Straße führt hinauf in ein abgelegenes Dorf. Hier steht inmitten von verfallenen Steinhäusern die Vila B: B. für Bosnien, Berlin, Bärbel, Bohley.

Bärbel Bohley war 1996 zum zweiten Mal nach Bosnien gekommen, um sich an den Projekten »Bürgerrechtsbewegung zur Rückführung von Flüchtlingen« und »Dächer für Sarajevo« zu beteiligen. »Eines Tages zeigte mir Dragan die dalmatinische Küste und das Meer und fragte mich, ob ich mir vorstellen könnte, hier zu leben. Ich sagte Ja.« Hätte sie in Bosnien nicht ihren Mann Dragan kennen gelernt, wäre Bärbel Bohley nach Abschluss der zweijährigen Projektarbeit sicher wieder nach Berlin zurückgekehrt. Doch der Gedanke, Deutschland zu verlassen, wo sie sich immer häufiger als das schlechte Gewissen im Prozess der deutsch-deutschen Wiedervereinigung behandelt fühlte und sich manchmal schon selbst

Rechts: Der ehemalige Abfluss einer alten Olivenpresse.
Ganz rechts: Die Küche.
Seite 70: Weiß gekalkte Dächer und mit der Hand behauene Steine – ein Ensemble aus mehreren Innen- und Außenräumen bilden das neue Zuhause von Bärbel Bohley und ihrem Mann Dragan.

nicht mehr reden hören mochte, gefiel ihr. »Wir dachten sofort, dass das hier ein schöner Ort zum Leben sei – abgelegen vom Tourismus, doch nicht zu weit weg von der Küste und der nächsten Stadt. Es ist vor allem die Stille, die mich hier in den Bergen bezaubert. Das Haus war verfallen, als ich es zum ersten Mal sah. Nur Sonne und Grün – und Stille.«

Aus Angst vor Erdbeben hatten die ehemaligen Bewohner in den 1960er Jahren ihre Häuser in dem kleinen Bergdorf verlassen und waren hinunter ins Tal gezogen. Dort errichteten sie an der Küste Neubauten aus Beton und warteten auf Touristen. Das Dorf in den Bergen mit seinen wunderschönen Steinhäusern und den weithin sichtbaren, weiß gekalkten Dächern stand seit jener Zeit leer und verfiel allmählich. Bärbel Bohley und ihr Mann kauften eines dieser von Weinbergen, Zypressen und Ginstersträuchern umgebenen Häuser, restaurierten es vollständig und bauten es um. Nach weniger als einem Jahr konnten sie einziehen. Seitdem genießt das Paar den großartigen Blick über das gesamte Tal auf das Meer und kann vom Fenster, Garten und Sommeratelier aus den Auf- und Untergang der Sonne beobachten.

Ursprünglich bestand das Steinhaus nur aus zwei Etagen, die die Grundfläche der heutigen offenen Küche hatten. Die große Küche bildet nun den Mittelpunkt des Hauses. Am riesigen Holztisch wird gegessen, getrunken und geredet. Früher lagerten die Bewohner in diesem Raum ihre Vorräte, weil es hier am kühlsten war. In den kleinen Zimmern darüber lebten bis zu sechzehn Personen.

Links: Kräuterliköre, hergestellt nach kroatischem Rezept. Ganz links: In luftiger Höhe und mit einem atemberaubenden Blick aufs Meer – die Terrasse ist ein Ort der Gastlichkeit.

Die Um- und Ausbauarbeiten verfolgte Bärbel Bohley zum großen Teil aus der Ferne. 1998 war sie in Bosnien noch mit dem Wiederaufbauprojekt »Dächer für Sarajevo« befasst. Für die Gestaltung ihres neuen Zuhauses hatten sie und ihr Mann daher nur die grundsätzlichsten Entscheidungen getroffen, zum Beispiel, dass das Haus in seinem ursprünglichen Stil mit dem weißen gekalkten Dach wieder aufgebaut werden sollte. »Wenn ich in Deutschland ein Fachwerkhaus gekauft hätte, hätte ich auch nichts anderes daraus gemacht, als es ist. Und hier in Kroatien, wo die Menschen so gut mit ihren Materialien umgehen können, erscheint es mir besonders wichtig, zu zeigen, welche Reichtümer sie eigentlich haben.« Die Steine, mit denen das Haus restauriert wurde, stammen noch aus einer Zeit, als es einen ganzen Tag dauern konnte, bis ein einziger Stein behauen war.

Die Menschen im Tal stehen dem Vorhaben, im Bergdorf zu leben, skeptisch gegenüber; sie glauben nicht, dass man ein altes, verfallenes Haus wirklich wieder bewohnbar machen kann, schon gar nicht, wenn es als festes Zuhause und nicht nur als Ferienhaus dienen soll. »Was wir hier geschaffen haben, ist auch etwas Provozierendes für die Menschen unten im Tal. Es macht Dragan und mir Spaß, zu zeigen: Mein Gott, ihr sitzt dort unten in euren Betonbunkern und könntet in den schönsten Steinhäusern wohnen, den unglaublichsten Blick übers Meer haben. Warum wollt ihr das nicht? Warum lasst ihr eure ursprünglichen Häuser verfallen? In manchen Ländern wissen die Menschen gar nicht, wie schön sie es haben. Es

Oben links: Das eindrucksvolle
Hauptgebäude bei Nacht.
Oben rechts: Liebevoll ausge-
suchte Fundstücke erinnern an
die Geschichte des Hauses.
Unten links: Polierte Messing-
schale mit Trockenblumen.
Ganz rechts: Zwei Amphoren –
ein Geschenk von Dragan.

ist die Schönheit, die man schützen muss, um eine Zukunft zu haben.« Wohnen ist für Bärbel Bohley etwas
sehr Zentrales, es bedeutet Einkehr. »Ich bin zwar viel
unterwegs, aber ich brauche einen Raum, in den ich nach
Hause zurückkehren kann. Wohnen hat für mich etwas
mit Wohlfühlen zu tun, nicht mit Einrichtung. Ein Zuhause sollte so etwas wie eine zweite Haut sein.«
In der ehemaligen DDR war es nicht möglich, ein selbst-
bestimmtes, von der Regierung unkontrolliertes Leben
zu führen. Wie die meisten Künstler, die sich durch das
DDR-System ihrer Ausdrucksfreiheit beraubt fühlten,
versuchte auch Bärbel Bohley, sich politisch zu engagieren. In den 1980er Jahren, als ein Gesetz zur Wehrpflicht
für Frauen erlassen werden sollte, wurde sie zur Mitbe-
gründerin der Bewegung »Frauen für den Frieden«. Ihr
politisches Engagement brachte sie schließlich ins Ge-
fängnis. »Ich bin relativ pazifistisch erzogen worden und
erinnere mich noch genau daran, wie ich als kleines Mädchen an der Hand meines Vaters auf dem Marx-Engels-
Platz stand und zusah, wie er den Aufruf ›Ich als Deutscher fasse nie wieder eine Waffe an‹ unterschrieb.«
Bärbel Bohley wuchs in Berlin-Mitte auf. Sie lebte mit
ihren Eltern in einer typischen Zweizimmerwohnung:
Altbau – Hinterhof – Außentoilette. Bärbel hatte kein
eigenes Zimmer, das war völlig normal in der DDR. »Ich
hatte nur meine Schultasche. Mein Ranzen war mein
Kinderzimmer. Mein Tresor, an den niemand ging.«

Nach ihrem Studium der Malerei bekam sie als Atelier-
wohnung eine ehemalige Kneipe in einem Abrisshaus am
Prenzlauer Berg zugewiesen. Das Haus wurde bis zum
heutigen Tag weder abgerissen noch saniert. Sie hat die
Wohnung immer noch, und wenn sie alle paar Wochen
nach Berlin kommt, um Freunde zu treffen und Termine
wahrzunehmen, ist hier wieder ihr Zuhause.

Aber Bärbel Bohley ist froh, nicht mehr fest in Berlin zu
leben. Wahrscheinlich, mutmaßt sie, würde man sie stän-
dig zu Talkshows einladen und nach einer Bilanz der
Wiedervereinigung fragen. Sie hat den Eindruck, dass die
Menschen ihrer Generation, sowohl im Osten als auch im
Westen, kein wirkliches Interesse daran haben, zu verste-
hen, was in den vierzig Jahren DDR tatsächlich passierte.
»Die derzeitige Diskussion über das Thema finde ich
total uninteressant. Es kommt mir vor, als würde in
Deutschland Aufarbeitungstheater gespielt. Inzwischen
denke ich, ich lebe nur einmal. Und wenn Leben keinen
Raum hat, hat alles andere auch keinen Raum.«

Als Bärbel Bohley 1996 nach Bosnien ging, hegten die
Menschen hier nach dem Ende des Krieges zunächst die
Hoffnung auf einen Neubeginn. Inzwischen haben etwa
sechzigtausend Kroaten allein aus Sarajevo Bosnien verlassen. »Im Krieg ging es allen schlecht, den Muslimen,
den Kroaten und den Serben. Alle sind schuldig geworden, obwohl man nicht vergessen darf, dass die Serben
den Krieg begonnen haben. Jetzt nach dem Krieg haben
die Muslime in Bosnien die Macht. Wer Katholik ist, wie
mein Mann, muss sehen, wo er überleben kann.«

Dragan stammt aus Sarajevo. Er liebt diese Stadt, in der
er nun nicht mehr leben kann. Hier, im kroatischen Bergdorf, kommt er nach dem Krieg etwas zur Ruhe, auch
wenn er als Bosnier bei den Einheimischen nicht besonders beliebt ist. Den Deutschen dagegen begegnen die
Kroaten mit viel Sympathie. »Ich habe keine Probleme
mit den Menschen hier«, erzählt Bärbel Bohley. »Sie wissen, dass Deutschland 370 000 Flüchtlinge aufgenommen hat. Ich habe eine große Dankbarkeit gespürt, die
gar nichts mit mir zu tun hatte, sondern mit der Hilfe,
die aus Deutschland kam.«

Durch den Krieg wurden nicht nur die Häuser zerstört,
sondern auch die Familien. Sie wurden auseinander
gerissen und als Flüchtlinge von Australien bis Kanada in
alle Himmelsrichtungen verstreut. Jetzt, nach dem Krieg,

Oben: Vila B. Das B steht für
Bosnien, Berlin, Bärbel…
Links: Herzlich Willkommen!
Im Sommer begrüßt Bärbel Boh-
ley hier bosnische Kinder zu un-
beschwerten Ferien.

Oben: Selbst verlegte Steinstufen.
Rechts: Stillleben mit Madonna.
Ganz rechts: Reizvoll an Bärbel
Bohleys Haus sind auch die unter-
schiedlichen Ebenen, auf
denem man sich bewegen kann.

haben die Menschen hier vor allem mit sich und den
gesellschaftlichen Veränderungen zu tun, sodass sie ihre
Kinder oft vernachlässigen. In den Ruinen, die der Krieg
zurückgelassen hat, spielen die Kinder besonders gern,
hat Bärbel Bohley beobachtet. Am liebsten »Vater, Mutter, Kind« oder Höhlenbauen. Das waren auch nach dem
Ende des Zweiten Weltkriegs die Lieblingsspiele der kleinen Bärbel. Ihr Spielplatz waren die Ruinen am Berliner
Tiergarten und die Gegend um das Russendenkmal.
Kinder, und besonders die behinderten, sind in Kriegs-
und Nachkriegszeiten immer die unschuldigen und hilf-
losen Leidtragenden. Nachdem Bärbel und Dragan in ihr
schönes Steinhaus eingezogen waren, überlegten sie sich:
»Wir können doch all diese Schönheit jetzt nicht allein
genießen. Wir müssen etwas für andere tun.«
Dragan war vor dem Krieg Lehrer in der einzigen Schule
für behinderte Kinder in Bosnien gewesen. Nun luden
Bärbel und Dragan die Kinder dieser Schule ein, in der
Vila B Ferien zu machen. »Es muss jemand zu den Kindern sagen: Ihr seid wichtig. Die Kinder haben in den
letzten Jahren so viele schlechte Erfahrungen gemacht,
wir wollen in unserem Haus ermöglichen, dass sie ein
paar schöne Tage haben.«
Am ersten Tag ihres Aufenthalts baten sie ihre kleinen
Gäste, ihre Essenswünsche aufzuschreiben. Und dann
standen Kartoffeln, Kohl, Bohnen auf den Zetteln. Die
Kinder kamen gar nicht auf die Idee, dass es auch Hühn-
chen oder Lamm geben könnte, weil sie so etwas seit Jahren nicht zu essen bekommen hatten. Natürlich haben
manche muslimische Eltern auch Vorbehalte gegen einen
Ferienaufenthalt ihrer Kinder in Kroatien. »Sie haben
Angst, wir könnten ihren Kindern Schweinefleisch geben
oder ihnen etwas zustoßen lassen.«

Bärbel Bohley sieht in dieser Art der Zusammenführung von Bosniern und Kroaten eine Herausforderung. »Kindern ist es egal, wo sie glücklich sind. Wir möchten, dass sie an ihre Kindheit, die vornehmlich in einer schlechten Zeit erlebt wurde, auch ein paar schöne Erinnerungen haben. Es gibt noch viele Menschen, die Häuser am Meer bewohnen, doch sie kommen nicht darauf, so etwas wie wir zu tun. Der Krieg hat die Menschen nicht hilfsbereiter, sondern egoistischer gemacht.«

Im Mai 2000 wurde den Gründungsmitgliedern des Neuen Forums der Nationalpreis zuerkannt. Bärbel Bohley und ihre Freundin Katja Havemann möchten ihr Preisgeld für das Kinder-Ferienprojekt stiften. In Berlin sammeln sie mit Freunden Sachspenden für die Behindertenschule in Sarajevo und transportieren sie im Auto in die bosnische Hauptstadt.

Bei dieser Gelegenheit nimmt Bärbel Bohley auch immer ein paar persönliche Dinge aus Berlin mit, die sie in ihrem Haus in den Bergen gern um sich haben möchte. Den schönen alten Krug etwa, den sie 1972 in der ehemaligen Sowjetunion gegen eine Levi's-Jeans eintauschte, oder die Staffelei, die jetzt in ihrem Arbeitszimmer steht. Auf der schmalen Treppe, die in das Arbeitszimmer hinaufführt, blieb Helmut Kohl während eines Besuchs in der Vila B beinahe stecken.

»Es sind nicht irgendwelche Möbel, die für mich die Seele dieses Hauses ausmachen. Bei uns sind es draußen die Pflanzen, Lavendel, Rosmarin, Oleander und Mimosen, denen ich im Frühling beinahe beim Wachsen zusehen kann. Und drinnen sind es die Dinge, mit denen ich unvergessliche Geschichten verbinde.« Auch die beiden großen antiken Amphoren, ein Geschenk Dragans an seine Frau, gehören dazu. Sie waren einst auf dem Meeresgrund gefunden worden.

Erlebt man Bärbel und Dragan in ihrem Haus in den kroatischen Bergen, gewinnt man den Eindruck, dass sie einander das kostbarste Geschenk sind. Dragan erzählt: »Ich sah Bärbel die Treppe hinunterkommen und wusste sofort, das ist meine Frau.« Und Bärbel Bohley sagt: »Dragan hält es immer noch für ein Wunder, dass er den Krieg überlebt hat. Ich bin glücklich, hier an diesem Ort mit jemandem zusammen sein zu dürfen, der dankbar dafür ist, dass er lebt.«

Oben: Reine Freude empfindet man bei einem Blick wie diesem. Links: Lesen, Malen und Schreiben – Betätigungen, denen Bärbel Bohley vor allem im heißen Sommer gern an einem der schattigen Außenplätze nachgeht.

CLAUDIA SKODA
MODEMACHERIN, BERLIN

ICH WEISS, DASS ICH HIER AM RICHTIGEN ORT BIN.
IN BERLIN-MITTE STECKT VIEL MAGIC.

F n den 1960er Jahren gab es in Berlin kaum originelle Textilien für junge Leute. Wenn man etwas Besonderes kaufen wollte, musste man aus der eingemauerten Stadt raus und nach London oder Paris fliegen, was sich natürlich nicht jeder leisten konnte. Ich arbeitete damals als Lektorin in einem Verlag. Eines Tages sah ich im Schaufenster einer sehr teuren Boutique einen sehr schönen, ausgefallenen Pullover. Als ich mich in dem Geschäft nach dem Preis erkundigte, sagte die Verkäuferin: ›Der ist sicher zu teuer für Sie.‹« Da bei Claudia Skoda viel aus Trotz heraus passiert, beschloss sie, sich selbst einen originellen Pullover zu stricken. Danach strickte sie noch einen, dann das erste Kleid. Die Sachen, die sie trug, fielen auf, immer wieder wurde sie darauf angesprochen. Claudia Skoda kaufte sich eine Strickmaschine und strickte ihre erste Hose und Jacke. Jetzt kamen sogar junge Männer auf sie zu und wollten von ihr Strickanzüge haben. »Hosen, Jacken und Westen – in Hellblau oder Rosa. Es war die so genannte Drogen- und Hippie-Zeit. Ich hängte meinen Job als Lektorin an den Nagel und mietete zusammen mit meinem damaligen Mann eine Fabriketage in Kreuzberg. Dort lebten und arbeiteten wir zusammen mit Künstlern.« Claudia Skoda begann, Modenschauen als künstlerische Happenings zu veranstalten, mit Livemusik, viel Glitter und vielen schrägen und verrückten Einfällen. Noch heute, ein Vierteljahrhundert später, reden die Leute von ihrer großen Show

Oben: Skoda Attendance – Mode
exquisit in maßgeschneiderter
Umgebung. Seit 1992 gibt
es dieses Geschäft am Ku'damm.
Seite 87 bis 89: Claudia Skoda
Level ist seit 2000 Firmensitz
und Showroom zugleich.
Seite 84: Vor dem großen Ver-
kaufstisch aus Palisander-Holz
in Berlin-Mitte.

1977 im Ägyptischen Museum oder von der Big-Bird-
Show 1978 in der Berliner Kongresshalle, bei der die jungen Wilden Salomé und Luciano Castelli nackt und als
große Vögel bemalt in Käfigen über den Köpfen der Zu-
schauer hingen.
Längst war die Öffentlichkeit auf Claudia Skoda aufmerksam geworden. Aus aller Welt kamen Kunden, um ihre
Kleider zu kaufen. Sie gründete ihre eigene Modedesign-
Firma. Claudia Skoda war der einzige Name, den man im
damaligen Berlin mit Mode in Verbindung brachte. Die
Modedesignerin leistete Pionierarbeit in der geteilten

Stadt und bereitete anderen Modemachern den Boden.
»Wir waren damals sehr befreundet mit David Bowie und
Iggy Pop«, erinnert sich Claudia Skoda. »David redete
immer auf mich ein, ich solle in New York ein Geschäft
eröffnen. Mein Mann und ich fanden 1982 ein Geschäfts-
lokal, entkernten es und statteten es mit einem Beton-
fußboden, Aluminiumcontainern und verglasten Gitter-
stäben aus. Es war total revolutionär, in New York einen
solchen Laden zu eröffnen.«
Obwohl es nicht leicht war, sich in der amerikanischen
Metropole mit Mode zu etablieren, waren die Jahre in
New York eine wichtige und erfahrungsreiche Zeit. Claudia Skoda erlebte hier unter Designerkollegen viel weniger Neid, Konkurrenz und Unkollegialität als in Berlin.
Vor allem empfand sie die Stadt als sehr viel offener und
freier. »Ich stellte mir immer Cher als meine Traumkun-
din vor, als die Frau, die meine Mode besonders gut
repräsentieren könnte. Eines Tages schrieb ich ihr das
auch in einem Brief. Natürlich erhielt ich nie eine Antwort. Als ich nach fünf Jahren mein Geschäft in New
York schloss, weil ich es zeitlich nicht mehr mit der vielen Arbeit in Berlin vereinbaren konnte, veranstalteten
wir einen *total sale* und verkauften alles für vierzig Prozent weniger. Plötzlich stand Cher im Laden und sagte:
›Mein Gott, haben Sie schöne Sachen – und alle so billig!‹
Sie hat sich vollständig bei uns eingekleidet.«
Claudia Skoda war es gelungen, sich international einen
Namen zu machen. Sie betrachtet es heute als einen Fehler, das Geschäft in New York geschlossen zu haben.
»Man baut sich nicht fünf Jahre lang etwas auf und
schließt es dann, nur, weil man keine Zeit mehr hat.«
Wieder zurück in Berlin widmete sich die Modedesignerin fast ausschließlich der Konzeption und Organisation von Veranstaltungen. 1988 war Berlin Kulturhaupt-
stadt Europas, und Claudia Skoda wurde vom Senat
beauftragt, die große Galashow zu organisieren. Sie wählte für die Veranstaltung eine außergewöhnliche *Location*:
die imposanten Hallen des Hamburger Bahnhofs, in dem
sich heute das Museum für Gegenwart befindet.
Spielte Claudia Skodas Mode eine Rolle in den von ihr
konzipierten Veranstaltungen, so musste sie vor allem
show- und nicht marktgerecht sein. Als dann aber 1989
mit dem Fall der Mauer die Möglichkeiten, Gelder für
Veranstaltungen nach dem Geschmack der Modedesignerin zu bekommen, wegfielen, beschloss Claudia Skoda, ihre Mode zu vermarkten. »Ich entschied mich, ein
Geschäft in Berlin zu eröffnen. Damals gab es nur einen
Ort, der für mich in Frage kam: den Ku'damm. Ich fasste
den Entschluss, Internationalität in diese Einkaufsstraße
zu bringen.« Sie engagierte den heute weltberühmten
Designer Marc Newson, von dem sie zu jener Zeit bereits ein paar Möbel und eine Bar kannte, ihr Geschäft zu
gestalten. »Newson war damals noch keine dreißig Jahre

alt. Ich rief ihn an. Er kam nach Berlin, machte Fotos von dem kleinen Laden, in dem vorher ein jugoslawisches Reisebüro gewesen war, und konnte mit diesem Raum sofort etwas anfangen. Sechs Wochen später hatten wir die fertigen Entwürfe.« Der Designer Newson verwendete viel Aluminium und fand, von den Kleiderstangen bis zum »Raumschiff«, wie Claudia Skoda den Verkaufstresen nennt, ausgesprochen raffinierte Lösungen für Ablagen. Noch heute ist die Ausstattung des Geschäfts eine Sensation, und Innenarchitekten preisen es als Beispiel eines perfekt gestalteten Raumes. »Ich verkaufe dort Mode für Frauen, die selbstbewusst sind und dem Stil ihrer Kleidung eine Bedeutung geben können. Meist sind es unabhängige Frauen, oft aus freien Berufen.« Die Kundinnen von Claudia Skoda kommen immer wieder. »Es gibt Frauen, die tragen nur Claudia Skoda«, erzählt sie stolz. Die feinen und exquisiten Strickkollektionen erregen überall Aufsehen, und häufig werden ihre Trägerinnen gefragt, wo sie sie erstanden haben.

Ein Vierteljahrhundert lebte Claudia Skoda in der Fabriketage in Kreuzberg, in der sich auch ihre Werkstatt befand. »Nach der Wende spürte ich, wie sich der Freiraum, den man braucht, um sich weiterzuentwickeln, nach Berlin-Mitte verlagerte. Von Kreuzberg nach Berlin-Mitte zu ziehen war wie ein Umzug in eine andere Stadt. Alle Menschen, die hierher kommen, spüren, dass Mitte momentan *der* Ort weltweit ist. Ich habe nun das Gefühl, am Nabel der Welt zu sein.« Claudia Skoda mietete zwei Etagen in der Linienstraße 157. In die zweite Etage verlegte sie ihren Firmensitz, in der ersten eröffnete sie ein zweites Geschäft. In den großen Räumen mit ihren hohen Fenstern kann sie ihre Kollektionen wirkungsvoll präsentieren. Claudias Lebensgefährte, der Designer Ward Merrill Hooper, ist für die extravagante Innenausstattung des Geschäfts verantwortlich. Für den auffälligen großen Tisch an der Fensterfront und die Umkleidekabinen verwendete er Palisanderholz aus den 1950er Jahren. Die Regale sind aus mattiert schwarz lackiertem Holz. Im Unterschied zum Geschäft am Kurfürstendamm war in der Linienstraße 157 durch die Neubauarchitektur viel vorgegeben. »Wir mussten uns nach dem Stil von jemand anderem richten und trotzdem unsere eigene Handschrift für diese Räume finden.«

Claudia Skodas Firma in Berlin-Mitte wirkt weltstädtisch. Zwischen ihr, der nahe gelegenen Werkstatt und dem Geschäft am Kurfürstendamm pendelt die Modedesignerin hin und her. Aber am meisten und am liebsten ist sie in der Linienstraße. »Ich war Zeit meines Lebens eine Kämpferin für Berlin. Mein Hiersein ist ein Statement. Ich weiß, dass es mutig ist, eine Firma wie meine zu installieren. Doch ich spüre, dass ich hier am richtigen Ort bin. In Berlin-Mitte steckt viel Magic.«

RUTH PINNAU
KUNSTHISTORIKERIN, HAMBURG

IN ERINNERUNG AN MEINEN MANN C.

*A*m Südhang von Hamburg-Blankenese, über dem sanft abfallenden Elbufer, erhebt sich in einem Park eine elegante Villenanlage. Wenn im Frühjahr oder Herbst die Sonne sich neigt, fallen lange Schatten frei stehender Buchen, Linden, Eichen und einer mächtigen Platane auf die Terrasse mit Steinfiguren und einer großen Balustrade. Das Plätschern einer Fontäne vor dem weißen Haus lädt zur Besinnung ein. Der Zugang zu dem Parkgrundstück führt durch eine öffentliche Allee, gesäumt von großen alten Linden. Durch die Sonne schimmert die auf einem Plateau ruhende achteckige Villa. Dieses Haus ist das letzte Werk des Architekten Cäsar Pinnau. Als das krönende Kleinod seines sechzigjährigen Schaffens sollte es ihm und seiner Frau als Alterssitz dienen.«* (Ruth Pinnau im Vorwort zu ihren Erinnerungen *Der Sieg über die Schwere – Cäsar Pinnau in meinem Leben*)

Mitte der 1980er Jahre, als das Ehepaar Pinnau noch eine viergeschossige alte Villa am Bismarckstein bewohnte, sagte Ruth zu ihrem Mann: »Es wird der Tag kommen, an dem einer von uns übrig bleibt. Wenn ich das sein sollte, möchte ich nicht allein in diesem großen ›Kasten‹ leben. Lass uns doch bitte ein nettes, kleines Haus kaufen, mit einem etwa vierhundert Quadratmeter großen Grundstück, auf dem ich das Gras selbst mähen kann.«

Cäsar Pinnau, den seine Frau liebevoll C. nennt, kam es nicht in den Sinn, anderen Leuten ein »nettes, kleines Haus« abzukaufen, denn dafür war er sein Leben lang viel zu gern und zu erfolgreich Architekt gewesen. Der Gedanke, fast achtzigjährig noch einmal ein Haus zu

Oben: An diesem eleganten
Arbeitsplatz verfasst die Kunsthistorikerin ihre Bücher.
Rechts: In der Eingangshalle
herrscht Symmetrie in Per-
fektion.
Seite 90: Eine oktogonale Villa –
das letzte Werk des Architekten
Cäsar Pinnau.

bauen, begann in ihm zu arbeiten. Das Ehepaar Pinnau
fand ein passendes Baugrundstück an der Elbe, dessen
Kauf jedoch mit einigen Auflagen verbunden war. »Wir
durften nicht hoch bauen, das Land nicht teilen und
keine zusätzlichen Auffahrten machen. An der Hamburger Elbe müssen Grundstücksbesitzer strenge Bestim-
mungen beachten, damit diese wunderschöne Gegend
nicht völlig zugebaut wird.«

Cäsar Pinnau entwarf eine oktogonale Villa. Diese Form,
wie man sie auch vom Turm der Winde in Athen, der Pa-
godenburg im Park von Nymphenburg und vom Lust-
schloss im Park von Versailles kennt, hatte den Architekten im Laufe seines langen, sehr produktiven Arbeits-
lebens immer wieder beschäftigt. Ruth Pinnau erinnert
sich, wie viel Freude ihr Mann für dieses Bauvorhaben
entwickelte. Sie ahnte nicht, dass es sein letztes Werk
sein würde.

Innerhalb von wenigen Monaten entstand das neue Zuhause der Pinnaus. Es wirkt wie ein kleines Schloss und
ist dabei gar nicht groß. In der Hauptsache besteht es aus
zwei Räumen: der Bibliothek und dem Schlafzimmer.
Von einer großzügigen Eingangshalle blickt man empor
auf eine umlaufende Galerie. Die achteckige Villa steht
auf einer großen, zur Elbe hin abfallenden Rasenfläche.
Von der Terrasse aus hat man einen wunderbar freien
Blick über den Fluss und kann die vorbeifahrenden Schif-
fe beobachten. Zweieinhalb Jahre lang war es dem Ehepaar vergönnt, gemeinsam dieses letzte Bauwerk Cäsar
Pinnaus zu bewohnen, dann starb der Architekt.

Ruth Pinnau ist es ein großes Anliegen, das oktogonale
Haus ihres Mannes zu erhalten. In den letzten Jahren
geschieht es in Hamburg immer wieder, dass historische
oder historisierende Bauten einer eher gesichtslosen Mo-
dernität weichen müssen. Auch Villen von Cäsar Pinnau
wurden schon abgerissen. Die promovierte Kunsthistorikerin führte während ihrer fünfunddreißigjährigen Ehe
das Archiv des Architekten. Von jedem Gebäude, das ihr
Mann entwarf, sind bis heute die Pläne erhalten. In den
Büchern, die Ruth Pinnau in den letzten Jahren über das
Werk ihres Mannes geschrieben hat, sowie in den von ihr
organisierten Ausstellungen seiner Zeichnungen, erfährt
man viel über die Arbeit und den typischen Stil Cäsar
Pinnaus. Der Architekt hat nicht nur Bauten wie das Bristol in Paris entworfen, sondern auch das Onassis-Schiff

Links: Auf der Terrasse ist eine der Figuren zu erkennen, die die vier Jahreszeiten repräsentieren. Ganz links: Die Bibliothek mit kostbarem Interieur und atemberaubender Elb-Aussicht. Nachfolgende Doppelseite: Das Schlafzimmer.

Christina und die *Cap San Diego*, die heute als Museumsschiff im Hamburger Hafen liegt. Der gesamte Werkkatalog befindet sich in Ruth Pinnaus Erinnerungen *Der Sieg über die Schwere*.

»Sein Erfolgsgeheimnis war«, erzählt die Autorin, »dass er sich und seinem klassizistischen Stil immer treu blieb. Er machte keine Moden, wie zum Beispiel Eingänge in Kellern oder Fenster in schrägen Fassaden, mit. Mein Mann baute Säulen und Portale, weil für ihn Eingänge Tore waren. Und das brachte ihm so viele Aufträge ein, dass er vieles absagen musste.«

Ruth Pinnau ist eine Frau mit einer typisch hanseatischen Ausstrahlung. Zusammen mit ihrem Mann bereiste sie viele Länder, doch kam es für sie nie in Betracht, woanders als in Hamburg zu leben. In der Hansestadt Stralsund wuchs sie auf, in einem Kaufmannshaus, in dem früher auf dem Dachboden Getreide und andere Waren, die die Seeleute aus fremden Ländern mitgebracht hatten, gelagert wurden. Dieses heute noch erhaltene Haus, das sich vierhundert Jahre lang in Familienbesitz befand, schmückt einer der schönsten Renaissancegiebel der Stadt. Als Sechsjährige zog Ruth nach Hamburg. Zu dieser Zeit war die Elbe noch ein beliebtes Badegewässer, doch das von der Ostsee verwöhnte Mädchen war nicht dazu zu überreden, auch nur einen Fuß in den Fluss zu setzen. »In dieses Bier gehe ich nicht!«, verkündete Ruth, als sie das erste Mal am Elbstrand stand.

Ihre Universitätslaufbahn hat Ruth Pinnau als eine sehr prägende Zeit in Erinnerung. Sie promovierte mit einer umfangreichen Monografie über den Maler Johann Martin von Rhoden. »Fast alle meine Bücher«, erklärt die Kunsthistorikerin, »sind eher wissenschaftliche Arbeiten, entstanden mit aufwändiger Recherche.«

Ruth Pinnau findet, dass das Leben es stets sehr gut mit ihr gemeint hat, aber: »Das größte Glück ist für mich jedoch, meinen Mann getroffen zu haben, mit dem ich eine lange Ehe in Harmonie führte.«

In ihrem Haus an der Elbe liebt Ruth Pinnau die große Eingangshalle. Wenn sie Gäste geladen hat, deckt sie dort eine festliche Tafel, an der zwölf Personen Platz finden. Hier wird dann bei Kerzenschein diniert. Im Hintergrund knistert im Wedgwood-Kamin das Feuer, und zwei Marmorputten beobachten schweigend das stilvolle Geschehen. Im Schlafzimmer im Obergeschoss hängt an den Wänden und Türen eine ungewöhnliche, mit blauen Blumen und Vögeln bemalte, zweihundert Jahre alte chinesische Tapete. Die Pinnaus lösten sie von den Wänden in ihrem vorigen Schlafgemach ab und brachten sie in ihrem neuen wieder an. Die goldfarbenen Türklinken sind so kunstvoll eingesetzt, dass sie sich wie die Flügel der Vögel von dem Hintergrund abheben.

Das Außergewöhnlichste aber an diesem Stadtpalais, in dem alles an seinen Erbauer erinnert, ist gewiss seine achteckige Form. Sie ermöglicht eine herrliche Rundumsicht nach außen. »Egal aus welchem der zweiundzwanzig Fenster ich sehe, ich fühle mich umgeben von Schönheit.« Am liebsten sitzt Ruth Pinnau auf einem der Sofas in der Bibliothek, im Rücken die wunderschönen, in die Wände eingearbeiteten Regale aus geschlemmter Eiche, die mit wertvollen bibliophilen Ausgaben gefüllt sind. Von dort aus hat sie einen herrlichen Blick auf die Terrasse und die vier großen, von einem italienischen Steinmetz gemeißelten Statuen auf der Brüstung. »Sie symbolisieren die vier Jahreszeiten und erinnern mich an die Vergänglichkeit des Lebens. Und so sehr der Mensch gemäß der Weisheit des alten Heraklit nur die Existenz einer Eintagsfliege führt, so sehr bin ich mir gewiss, dass die architektonische Arbeit meines Mannes den Sturm der Zeiten überdauern wird.«

Manchmal, wenn Ruth Pinnau im Garten sitzt und arbeitet, wird sie von Spaziergängern gefragt, wer diese eindrucksvolle Villa gebaut hat. »Dann freue ich mich jedes Mal aufs Neue, Auskunft geben zu können, und nenne mit Stolz den Namen Pinnau. Wenn dann aber die Leute weiterfragen, ob sie das Haus auch von innen besichtigen dürften, dann sage ich: ›Nein, nein, das geht nicht, der Chef ist nicht zu Hause. Die Herrschaften sind verreist.‹«

Zurückhaltung, Eleganz und feiner Humor – das sind Eigenschaften, die Ruth Pinnau auszeichnen. Sie ist eben eine echte Hanseatin.

GINKA STEINWACHS
DICHTERIN UND PERFORMANCE-KÜNSTLERIN, BINIARAIX

HIER IST MEIN PAARADIES.

Nördlich von Palma de Mallorca, etwa eine halbe Auto-stunde oder eine Stunde mit der hundert Jahre alten Holzeisenbahn von der Hauptstadt der Insel entfernt, liegt das romantische Örtchen Sóller. Mit seiner Kirche, dem Marktplatz und den vielen Straßencafés ist es der städtische Mittelpunkt des grünsten und fruchtbarsten Tals von Mallorca. Hier reifen in den Gärten und Planta-gen Bananen, Zitronen und Orangen – prächtiges Obst, dessen Export nach Südfrankreich oder Sankt Petersburg den Menschen dieser Gegend auch schon vor den Zeiten des Tourismus zu etwas Wohlstand verholfen hat. Von Sóller aus kann man zu Fuß in die Berge wandern, vorbei an den geschmackvollen Häusern der Einheimischen, de-ren Türen meist nur angelehnt sind. Dabei wird man das Dorf Biniaraix durchqueren, auf dessen höchster Stelle, erreichbar über 55 Treppenstufen, ein hübsches Jugend-stilstadtpalais steht. Zwei Schaukelstühle vor dem Haus laden zum Verweilen im Schatten großer Zürgelbäume ein – oder zum Warten auf die Hausherrin ... Läutet man an der Glocke neben der hohen Eingangstür aus Mahago-ni, erscheint die Schriftstellerin Ginka Steinwachs, die seit einigen Jahren hier lebt und arbeitet. Die Mallorqui-ner begrüßen sie mit »Hola, Doña Ginka!«, und wenn sie von einer ihrer Performances aus Deutschland auf die Insel zurückkehrt, schenken sie ihr Nüsse oder Birnen aus ihren Gärten.
»Vor Jahren machten mein Mann und ich eine Reise nach Mallorca«, erzählt Ginka Steinwachs. »Obwohl wir nur

Oben links: Der Fußboden –
ein formvollendetes Mosaik.
Oben rechts: Eine Wendeltreppe
aus Marmor verbindet die verschiedenen Stockwerke.
Unten links: Dekorative Stroh-
schuhe aus Mallorca.
Ganz rechts: Das Holzschiff ist
ein Geschenk von Ginkas Freundin Anna David.

wenige Tage auf dieser Insel waren, spürte ich sofort: Das
ist mein Land! Noch während meines damaligen ersten
Aufenthalts kauften wir ein winziges Haus oberhalb des
Bahnhofs von Sóller, weil ich beschlossen hatte, immer
wieder hierher zurückzukehren.«

Von Sóller aus wanderte Ginka oft hinauf nach Biniaraix
und bewunderte das Stadtpalais, das mitten im Dorf
stand und einstmals einer Gräfin gehört hatte. Eines
Tages hing das Schild *se vende* (»zu verkaufen«) an der
Tür. Ginka besichtigte das Haus und verliebte sich sofort
in die Türen und Fensterläden aus Orangen- und Maha-
goniholz. Im Innern des Palais fühlte sie sich erstaun-
licherweise an ihr Elternhaus in Göttingen erinnert. Von
dem Geld, das sie gerade mit ihrem ersten und sehr erfolgreichen Theaterstück verdient hatte, erwarb Ginka
Steinwachs das Gebäude. Sie verlegte ihren Hauptwohn-
sitz nach Mallorca und begann mit großer Energie, das
Haus zu restaurieren und dabei die vielen schönen Details, wie die handgeschliffenen Scheiben in den Türen
und Fenstern, die das Sonnenlicht auf ganz besondere
Weise spiegeln, zu erhalten. »Es gibt nicht viele Menschen, die für die altersbedingte Gebrechlichkeit eines
Hauses eine solche Leidenschaft entwickeln können. Ich
bin das Streichholz, auf dem dieses Haus steht. Etwa fünftausend Stunden Handarbeit habe ich inzwischen inves-
tiert, um seine Schönheit zu bewahren.«

Doña Carmen Manuel de Villeña i O'Neilli hieß die Gräfin, die um 1900 das Palais in Biniaraix bauen ließ – mitten in diesem winzigen Dorf, an einer Stelle, an der frü-

her ein kleines Bauernhaus gestanden hatte. Sicherlich hatte dies eine große Herausforderung für die hier ansässigen Mallorquiner bedeutet. Bis heute erzählen sie sich Geschichten über Doña Carmen. Sie war mit einem Katalanen verheiratet, der durch den Export von Schuhen nach Lateinamerika zu Reichtum gekommen war. An manchen Tagen ließ sich die Gräfin von ihrem schwarzen Chauffeur nach Palma fahren und kehrte am Abend mit sage und schreibe vierhundert Paar neuen Schuhen nach Biniaraix zurück.

Auch im Leben von Ginka Steinwachs gab es Phasen, in denen sie Schuhe und Kleider im Überfluss besaß. Doch eines Tages hatte sie eine Vision, die sie auch in ihrem New-York-Roman *So Himmel und so Hölle in Soho* verarbeitet hat: Alle Frauen müssen sämtliche Kleider und Pelze, die sie jemals gekauft haben, an einer langen Schnur hinter sich herziehen. Und sie, Ginka, trennt mit einer großen Schere die Schnüre durch. Erst dann bemerken die Frauen, welch entsetzliche Last sie gerade losgeworden sind.

Heute bedeutet Ginka Steinwachs Besitz nicht mehr viel. Sie möchte ganz leicht sein, fliegen können. Vier Pullover und vier Kleider hängen noch in ihrem Schrank. Ein Gewand der Doña Carmen schmückt das Treppenhaus, und manchmal, wenn der Wind durchs Haus weht und das Kleid bewegt, scheint der Geist der Gräfin anwesend zu sein.

Inzwischen hat Ginka die Geschichte ihrer Vorgängerin Doña Carmen Manuel de Villeña i O' Neilli erforscht. Ein Verwandter der Gräfin war ein berühmter Landschaftsmaler aus Mallorca, der sich manchmal mit dem Erzherzog Ludwig Salvator von Habsburg-Lothringen und Bourbon traf, um die Berge oberhalb von Biniaraix zu aquarellieren. Über Ludwig Salavator schrieb Ginka Steinwachs das Theaterstück *Erzherzog-Herzherzog oder Das unglückliche Haus Österreich heiratet die Insel der Stille*. In der »Nachschrift zu Schreibzeiten« heißt es: »Dieses Metastück (...) ist die Idylle vom Zusammentreffen einer harmonisch-kultivierten Persönlichkeit mit einer Landschaft, die bis auf den heutigen Tag paradiesische Züge zu bewahren gewusst hat.«

Die Vorstellung, dass ihr Erzherzog-Herzherzog in dem Haus verkehrte, in dem sie heute lebt und schreibt, erfreut und inspiriert Ginka stets aufs Neue.

In die erste Etage des vierstöckigen Stadtpalais, wo zu Zeiten der Gräfin eine Dienerin untergebracht war, sind mittlerweile bereits Erinnerungen aus Ginkas Kindheit in Deutschland eingedrungen, Gemälde etwa, mit denen Ginka Steinwachs aufwuchs, die sie jeden Tag betrachtete und sehr liebte. Auch das Bildnis ihres Großvaters Karl Feist hängt nun hier, des Göttinger Professors für Chemie, der sein Leben lang gern ein großer Erfinder gewesen wäre und sich den Nobelpreis erträumte. Unermüdlich arbeitete er an wissenschaftlichen Erfindungen, während seine Frau neue Speisen ersann und die Enkelkinder sich für all die Kreationen Namen ausdachten. Die damals siebenjährige Ginka erntete für ihre ausgefallenen, fantasievollen Wortspiele viel Anerkennung. Vielleicht wurde in dieser Zeit der Keim für den Mut gelegt,

Rechts: Diese geschliffenen Tür-
scheiben haben es Ginka Steinwachs ganz besonders angetan.
Ganz rechts: Die zarten Wand-
malereien stammen noch aus
der Zeit von Doña Carmen.

eines Tages als Surrealistin mit Sprache zu spielen. Den
Freiraum, Fantasie zu entwickeln, ohne dafür belächelt
zu werden, genoss Ginka Steinwachs während ihrer ganzen Kindheit – eine Erfahrung, die sie jedem Menschen
wünscht. Ginka hat das Gefühl, in ihrem Domizil auf
Mallorca würden sich ihre Vergangenheit und ihre Zukunft in der Gegenwart fangen. Wie als kleines Mädchen
steigt sie, wenn sie nachdenklich oder auch ungeduldig
ist, in den kleinen Turm im Giebel des Hauses und spielt
auf ihrer Geige.
Als Ginka Steinwachs das Anwesen kaufte, war nur noch
der Salon in der dritten Etage original möbliert. Auf dem
Mosaikfußboden aus kleinen handgeschnitenen Kacheln, den Kenner für einmalig halten, stehen zwei Über-
ecksofas – typische Beispiele für den wunderschönen
katalanischen Jugendstil des Hauses. Die Nachfahren der
Gräfin hatten einen großen Teil der Einrichtung in Biniaraix und Sóller verkauft. Ginka, die inzwischen auch
mallorquín spricht, war im Dorf schon bald sehr beliebt,
und die Einheimischen schenkten ihr viel von dem Haus-
stand der Doña Carmen zurück. Auf Mallorca hat Ginka
erfahren, wie groß die Freude desjenigen ist, der schenkt.
Seitdem frönt sie selbst dem Laster des Schenkens, und
in Deutschland erschreckt sie manchmal Menschen mit
ihrer Großzügigkeit. Viele könnten sich nicht vorstellen,
dass nichts weiter dahinter steckt als der Wunsch, anderen eine Freude zu bereiten.
Überall auf der Welt suchte Ginka nach passenden Möbeln für ihr Gräfinnenhaus. In Venedig kaufte sie Stühle,

Tische und Lampen aus einem alten Friseursalon auf. Jeder, der heute zu Besuch nach Biniaraix kommt, glaubt, das Palais sei nie anders eingerichtet gewesen.

In den vielen Jahren, in denen Ginka Steinwachs schon Theaterstücke und Romane schreibt, litt sie immer wieder unter dem stundenlangen Sitzen am Schreibtisch. Vor einiger Zeit aber machte sie die wunderbare Erfahrung des Dichtens im Stehen. Danach mussten erst ein hoher Kühlschrank und dann eine Kommode als Arbeitstisch herhalten, bis sich Ginka schließlich von einem einheimischen Schmied ein Stehpult anfertigen ließ. Das Pult ist einen Meter und zwanzig breit, damit sie während des Schreibens die Arme ablegen kann, denn Dichten, so Ginka, sei eine schwere Arbeit. Gehen und Stehen hält sie für die besten Positionen beim Schreiben. »Tätigkeiten, bei denen man den ganzen Tag sitzen muss, sind ungesund. Den Beruf einer Sekretärin empfinde ich als einen typischen Job, den man nur einer Frau anlasten kann. Freie Menschen haben zu allen Zeiten gestanden. Feldherren zum Beispiel hat man während der Ausübung ihrer Aufgaben nie sitzen sehen. Und was ist der Beruf eines Dichters? Das Ausüben der Feldherrenschaft über Wörter!«

Jeden Tag begibt sich die promovierte Sprachwissenschaftlerin an ihr eisernes Stehpult und nimmt den Feldherrenstab zur Hand. Manchmal kritzelt sie erst auf dem Papier herum, bis die Finger dann endlich losschreiben. Später gibt sie die Texte in den Computer ein. So entstand auch ihr Buch *Eroskop. Ein Orakel für Sprach- und Sternverliebte*, das schon vor dem Erscheinen großes Aufsehen erregte. *Eroskop* ist wie eine Spieldose, erzählt Ginka: der Leser zieht die Mechanik auf, und dann fangen die Männer und Frauen an zu laufen – die Männer im Tierkreis, die Frauen nach der Uhr.

Eine Sensation war auch Ginka Steinwachs' Dissertation über den Surrealisten André Breton, mit der sie den französischen Strukturalismus nach Deutschland brachte.

Ihre frühen Arbeiten betrachtet Ginka heute als ihr »Spätwerk«. Sie versuchte damals, den ganzen Kosmos abzubilden, die Stücke als Welttheater anzulegen. Fünf Jahre und länger arbeitete sie an jedem einzelnen ihrer Theaterstücke, denen besonders in den USA große Anerkennung zuteil wurde. Auf Fünfjahresabenteuer will sich die Dichterin heute nicht mehr einlassen, weil man

Ein Blick hinauf zur Dachterrasse des gräflichen Palais – über
die üppige Vegetation hinweg
und in den strahlend blauen
Himmel hinein.

dafür viel zu viel Leben opfern müsse. Ginka Steinwachs
möchte nun ihr »Frühwerk« schreiben. Sie hat sich einen
anderen Lebensrhythmus zugelegt, was auf Mallorca
zwangsläufig geschieht, weil die Zeit hier eine andere
Bedeutung hat als in Deutschland. Sie dichtet mit mehr
Leichtigkeit, möchte sich mehr um Lust und Liebe küm-
mern, endlich jung sein. Und so scheint es kaum verwun-
derlich, dass Ginka Steinwachs ihr Jugendstilbett, das sie
sich vom Hubert-Fichte-Preisgeld gekauft hat, für den

unverzichtbarsten Ort hält, weil man darin viele wunderbare Sachen machen kann – Schreiben zum Beispiel und
Liebe ...

»Hier ist mein Paaradies«, sagt Ginka und lacht. »Ein
Haus ist doch nur der *Kittel* zum Zweck.« Zusammen
mit dem Maler Andreas Hertel, der *Eroskop* illustrierte,
plant Ginka, in der zweiten Etage des Hauses einen großen Raum zu gestalten – für »Therapoesie« und »Thera-
pintura«. Hier sollen die unterschiedlichsten Menschen
dichtend und malend ihre Fantasie entfalten können,
ohne dabei belächelt zu werden, und vielleicht auch den
Weg zu sich selbst finden. Ginka wird sie ermuntern, ge-
legentlich einen Kopfstand zu machen, weil sie es für
wichtig hält, die Welt von Zeit zu Zeit aus einer anderen
Perspektive zu sehen. Und tanzen sollten die Menschen,
denn Tanzen sei eine dem Schreiben sehr ähnliche Bewegungsart.

Ginka Steinwachs, »die einzige deutschsprachige Surrealistin von Rang« (Regula Venske), hat in Berlin, Paris,
Hamburg, New York, Barcelona gelebt. Keiner dieser
Orte spiegelt sich so eindrücklich in ihren Texten wider
wie Mallorca. Ihre Bücher sind nichts für Rush-Hour-
Touristen, sie sind eher meditativ, gedichtet in der Tradition der Sufis. Bestimmt sind sie für Menschen, die sich
Zeit nehmen, die es mit sich und ihrem Buch eine Weile
aushalten können.

Jeden Morgen begibt sich Ginka auf ihre Dachterrasse
und lässt sich vom Gold der Sonne überfluten. Wenn sie
von einer Performance aus Deutschland zurückkehrt,
sind die meisten Pflanzen hier oben vertrocknet. Doch
nach zwei Wochen Gießen hat Ginka sie zu neuem
Leben erweckt – ein Wunder, das eben auch nur auf
Mallorca möglich ist. Von ihrer Terrasse aus schweift ihr
Blick über den terrassenförmig angelegten Garten, in
dem Oleander, Zitronen, Clementinen, Mimosen und
Jakaranda blühen, ins Tal von Sóller bis zu den Bergen.
Dann träumt sie davon, ihr Haus zu »verspintisieren«.
Sie stellt sich vor, außen an jedes Stockwerk Sterne,
Schnecken, Monde und Münder aus Gips anzubringen.
Und wenn sie noch einmal so viel Geld verdienen würde
wie mit ihrem ersten Theaterstück, dann erhielte die
Sonnenterrasse ein gläsernes Dach – ähnlich einem
Observatorium. »Den Entwurf dafür habe ich schon zu
Papier gebracht.«

Oben links: Das Gästezimmer.
Oben rechts: Auf der Sonnenterrasse vor herrlicher Kulisse.
»Tanzen«, so sagt Ginka, »ist
eine dem Schreiben sehr ähnliche Bewegungsart.«
Unten: Ein Teil des Bewässe-
rungssystems im Garten.

IRINA VON BISMARCK
BRATSCHISTIN, DÖBBELIN

ADEL VERPFLICHTET.

*F*n der Altmark, fünf Kilometer von der Kreisstadt Stendal entfernt, liegt das 120-Seelen-Dorf Döbbelin. Die Reihe aus vorwiegend grau verputzten Häusern, die die einzige Straße des Dorfes zu beiden Seiten säumen, wird durch ein großes Grundstück unterbrochen, auf dem ein in hellem Gelb und Weiß gestrichenes Gebäude herrschaftlich prunkt. Es handelt sich um Schloss Döbbelin, das älteste Anwesen der Familie von Bismarck aus dem Jahre 1344.

Im Laufe der Geschichte immer wieder zweckentfremdet, wurde das Schloss zu DDR-Zeiten enteignet und als Konsum-Filiale, Kindergarten, Poststelle, Bürgermeisterbüro und Kohlenkeller genutzt. Als es 1991 in Familienbesitz zurückfiel, ließ sein Zustand nicht mehr recht erahnen, dass es sich um ein Schloss handelte. Alexander von Bismarck und seine Frau Irina aber beschlossen, Döbbelin zu ihrer Heimstatt werden zu lassen. »Viele ehemals Enteignete haben nach der Wende ihre Häuser unbedingt zurückhaben wollen und waren dabei nur geleitet von nostalgischen und emotionalen Motiven. Kaum einer ahnte, was er auf sich nehmen würde, dass es finanziell einem Fass ohne Boden gleichkäme, solch ein Schloss wieder aufzubauen. Mein Mann war sich des großen Aufwands sehr wohl bewusst, als er mit den Restaurierungsarbeiten begann.«

Bis heute dauern diese Arbeiten an, doch seit 1995 bewohnen Irina von Bismarck und ihr Mann Schloss Döbbelin. »Es war eine Zeit«, erzählt die Bratschistin, »in der

Oben: Das Service stammt noch aus Sankt Petersburg, die Fotos dokumentieren die Phasen des Umbaus in Döbbelin.
Unten: Während der Restaurierung fanden sich einige wenige Stücke aus der frühen Vergangenheit des Familienbesitzes.
Rechts: Der lauschige Teepavillon im Schlosspark.
Seite 110: Das eindrucksvolle Schloss Döbbelin bei Nacht.

ich etwa zweihundert Konzerte im Jahr gab. Ich lebte in einem Zustand, manchmal nicht mehr zu wissen, in welchem Hotel und in welcher Stadt ich mich gerade aufhielt. Ich wusste nur, dass ich am nächsten Tag in einer anderen Stadt wieder ein Konzert geben musste.« Um sich in dieser Situation wenigstens noch ein bisschen geborgen und vertraut zu fühlen, nahm sie ihre Plüschtiere mit auf die Konzertreisen und in die wechselnden Hotelzimmer. In dieser Zeit wuchs in der Musikerin die Sehnsucht nach einem festen Zuhause.

Irina von Bismarck ist glücklich, in Döbbelin dieses Zuhause gefunden zu haben und gleichzeitig nach wie vor das Gefühl zu haben, auf dem traumhaften Anwesen eigentlich im Urlaub zu sein. Die Mühsal der Restaurierung auf sich genommen zu haben, hat sie zu keinem Augenblick bereut. »Meine Eltern und vor allem meine Großmutter, bei der ich aufgewachsen bin, haben mich in einem Sinne geprägt, dass es im Leben eines Menschen immer weitergehen, dass man nicht auf der Stelle treten sollte. Ich spiele seit dreißig Jahren Bratsche. In meinem Beruf als Orchestermusikerin habe ich alles erreicht, denn mehr, als die erste Bratsche spielen, kann man nicht. Ein Schloss zu restaurieren und zu unterhalten, das ist allerdings eine große neue Aufgabe für mich.«

Nach den sich über Jahre hinziehenden, aufwändigen Bauarbeiten kann man sich heute kaum mehr vorstellen, wie heruntergekommen und verwahrlost das Schloss, die Nebengebäude und der riesige Park noch vor wenigen Jahren aussahen.

Die Entscheidung für den auffälligen gelb-weißen Außenanstrich fiel in Sankt Petersburg, der Heimatstadt Irinas.

Räume, die kurz vor dem Abschluss der Renovierung stehen. Durch ihre Auswahl von stilvollen Leuchtern, Fliesen und Vorhängen schafft Irina von Bismarck eine Atmosphäre, die zu diesem Adelssitz passt.

Bei einem Besuch begeisterte sich das Ehepaar für das Gelb, in dem das Ensemble aus Russischem Museum, Opernhaus und Philharmonie, in der Irina einst als Bratschistin gearbeitet hatte, gestrichen war. »In Sankt Petersburg ist das Wetter meist sehr schlecht. Deswegen verfügte Peter der Große, dass jedes Haus einen farbenfrohen Anstrich bekommt. Man findet in Petersburg kein einziges graues Haus, sondern nur rote, grüne, gelbe, blaue – mit weißen Verzierungen. Das ist ein ganz typisch Sankt Petersburger Stil, der später dann auch in Sanssouci übernommen wurde«, erzählt Irina von Bismarck in ihrem vortrefflichen Deutsch. Das Petersburger Gelb sollte es sein, unbedingt. Als die Mitarbeiter der Denkmalpflege, mit denen das Ehepaar bis heute bei der Restaurierung zusammenarbeitet, ein Ocker für den Außenanstrich vorschlugen, bat Irina: »Sie haben doch hier in der DDR vierzig Jahre lang so viel Grau gehabt, bitte lassen Sie etwas mehr Farbenfreude und Leichtigkeit zu! Außerdem war das Haus ursprünglich auch gelb.« Auf ihrem Anwesen mit seinen nun einheitlich in Gelb und Weiß gehaltenen Gebäuden fühlt sich die Hausherrin heute in angenehmer Weise an ihre Heimatstadt erinnert. Das Schloss hat sich inzwischen zu einem Vorzeigeobjekt der Denkmalpflege entwickelt.

1999, die grundlegendsten Arbeiten waren abgeschlossen, feierte die Philharmonie der Nationen ihr jährliches Sommerfest erstmals auf dem Anwesen in Döbbelin. Irina spielte sieben Jahre Bratsche in diesem Orchester. Während dieser Zeit lernte sie ihren Ehemann Alexan-

der von Bismarck kennen. Als die Russin nun zu den musikalischen Feierlichkeiten das Ergebnis der kräftezehrenden Umbauarbeiten präsentieren konnte, war sie ungeheuer stolz. »Ich empfinde dieses Haus wie ein eigenes Kind, das ich unter schwersten Umständen zur Welt gebracht habe.«

In den vergangenen Jahren verbrachten die Bismarcks viele schlaflose Nächte. Jedes Mal, wenn es regnete, eilten sie mit Schüsseln auf den Dachboden, um zu verhindern, dass das Wasser, das durch das undichte Dach eindrang, größere Schäden verursachte. An Ausschlafen war auch lange Zeit nicht zu denken, denn Handwerker beginnen ihr Tagwerk bekanntlich sehr früh.

Irina und Alexander von Bismarck wollten während der Restaurierung so viel wie möglich vor Ort sein, denn niemand wusste besser als sie, wie ihr Schloss einmal aussehen sollte. »Und es wäre nicht unsere Art gewesen, einem Bauleiter den Schlüssel in die Hand zu geben, für ein Jahr zu verschwinden und erst dann wiederzukommen, wenn das sechshundert Quadratmeter große Anwesen völlig fertig gestellt ist. Mein Mann hat schon als Kind Bilder des in der DDR liegenden Familiensitzes angesehen. Als er sechzehn war, hat er sich mit seinen Vettern darüber unterhalten, was sie machen würden, wenn sie das Schloss eines Tages wiederbekommen würden. Für Alexander war immer klar, dass er es wieder aufbauen würde. Das Gefühl, dass man Verantwortung übernehmen und Traditionen pflegen muss, auch wenn es nicht für einen selbst ist, ist tief in meinem Mann verankert. Adel verpflichtet.«

Die neben dem Schloss gelegene kleine Kirche mit dem dazugehörigen Friedhof wird auch von der Dorfbevölkerung genutzt. Als die in der Kirche befindliche Familiengruft, um die sich auch über Jahrzehnte niemand gekümmert hatte, im Zuge der Restaurierung freigelegt wurde, kam Irina erstmals richtig zu Bewusstsein, wie weit die Geschichte derer von Bismarck in die Vergangenheit zurückreicht. Und sie bekam ein Gefühl für die Endlichkeit des Daseins. »Irgendwann komme auch ich in diese Gruft. Ich beginne, Ewigkeiten zu begreifen, in anderen Dimensionen zu denken – und an die Menschen, die nach mir kommen.« Die Särge der Ahnen wurden restauriert, die Gebeine, soweit noch vorhanden, konserviert. Die neuen bleiverglasten Fenster der ehemaligen Patronatsloge, der jetzigen Trauerfeierhalle, entwarf Irina von Bismarck selbst und ließ ihre und die Initialen ihres Mannes einarbeiten.

Am Ende des Schlossparks, dort wo die Felder und Wälder der Bismarcks beginnen, hat das Ehepaar neben einem romantischen Wassergraben eine kleine Gedenkstätte angelegt: Tafeln erinnern an verstorbene Angehörige der Familie von Bismarck, deren Gräber in Wittenberg und Berlin aufgelöst wurden.

Oben: Irina von Bismarck.
Links: Die große Eingangshalle. Gern führen die Besitzer interessierte Besucher durch das Haus und erzählen aus der wechselvollen Geschichte derer von Bismarck. Das Treppengeländer wurde den Fundstücken aus früheren Zeiten nachempfunden.

Überraschung im Kellergewölbe von Schloss Döbbelin: Hier befindet sich das ganze Jahr über die Bismarcksche Weihnachtswelt. Die Herzen der großen und kleinen Besucher schlagen höher beim Anblick dieser ausgefallenen Festtagsartikel.

Ein altes Bild im Esszimmer des Schlosses zeigt, dass der wunderschöne Park mit seinen alten Bäumen und Rhododendronbüschen früher von einer prachtvollen Lindenallee durchzogen wurde. Nach 1945 fielen die Bäume Unwettern und mangelnder Pflege zum Opfer. Irina von Bismarck und ihr Mann haben inzwischen entlang des alten Alleeverlaufs wieder Linden gepflanzt.

Ein großes Schild am Ortseingang leitet die vielen Touristen, die auf den Spuren der Familie von Bismarck die Altmark besuchen, zum Schloss Döbbelin. Haben sie das Anwesen mit seinem wundervollen Schlosspark, seinen beiden Teehäusern, dem Marstall und dem Taubenhaus besichtigt, können sie sich in dem kleinen Café im Gewölbe unter dem Schloss erholen. Hier befindet sich auch »Bismarck's Weihnachtswelt«, ein Verkauf von Weihnachtsartikeln, den Alexander von Bismarck als eine kleine Dependance seines Hauptgeschäfts in Mölln eingerichtet hat.

Interessierten Besuchern zeigt der Schlossherr auch gern ein paar der privaten Räume. Wenn sie seinen Erzählungen aus dem reichen Schatz der jahrhundertealten, wechselvollen Familiengeschichte gelauscht haben, schließen sie nach dem Besuch in Döbbelin nicht selten eine Fahrt zum nahe gelegenen Bismarck-Museum in Schönhausen, dem Geburtsort Otto von Bismarcks, an.

Irina von Bismarck staunt noch immer, dass sie nach ihren rastlosen Jahren als Musikerin nun in Deutschland ein Zuhause gefunden hat. »Es ist, als hätte ich mir während der vielen Jahre, die ich reiste, einen Ort ausgesucht, an dem ich sesshaft werden möchte.«

Die Liebe verschlug Irina von Bismarck nach Döbbelin bei Stendal. Die Restaurierung des Schlosses verwurzelte sie in dem kleinen altmärkischen Dorf und schuf ein Heimatgefühl ganz eigener Art. »Ich komme aus einer ganz anderen Welt, aus der Welt der Musik, und konnte mir niemals vorstellen, dass ich jemals solche Arbeiten wie hier in Döbbelin verrichten würde. Doch wenn ich jetzt sehe, wie schön die meisten Sachen geworden sind, bin ich unheimlich stolz.«

Magdalen Nabb
Krimi- und Kinderbuchautorin, Florenz

Jedes Stück in meiner Wohnung hat eine eigene Geschichte.

as Haus ihrer Träume sei gar nichts Besonderes, erzählt die Engländerin Magdalen Nabb. Sie möchte nur in einen großen Garten sehen können, wenn sie am Schreibtisch arbeitet. Und im Garten soll ihr Pferd stehen. »Dieses Traumhaus habe ich mir noch nicht kaufen können. Das Pferd besitze ich schon. Es ist etwas außerhalb von Florenz untergebracht, ich würde es aber gern selbst pflegen.«

Am Fenster zum Garten ihrer Wohnung – sie liegt im Zentrum von Florenz, unweit des Arno – steht allerdings schon ein kleines Pferd. Auf den ersten Blick sieht es aus wie ein Schaukelpferd, doch ist es nicht aus Holz, sondern aus Stoff, und gefüllt ist es mit echtem Rosshaar. Es steht dort wie ein echtes Pferd. Auf seinem Rücken liegt kein Sattel, aber um seinen Hals ist eine Leine gebunden. Seine Augen blicken sehr traurig.

In ihrem Kinderbuch *Das Zauberpferd* erzählt Magdalen Nabb die Geschichte von dem Spielzeugpferd, das einmal ein echtes Pferd war. Weil es oft misshandelt wurde und nicht mehr fressen wollte, wurde das Tier durch Zauberkraft in ein Spielzeugpferdchen verwandelt und so von seinem Leid befreit. Ein kleines, selbst sehr einsames Mädchen findet das Pferd bei einem Trödler und nimmt sich seiner voller Aufopferung an. Durch die Liebe des Kindes wird es wieder in ein richtiges Pferd zurückverwandelt. »Die Geschichte«, erklärt die Schriftstellerin, »handelt nicht von Pferden, sondern von der

Oben: Blick ins Badezimmer.
Rechts: Daisy, die Katze, und das geheimnisvolle Zauberpferd.
Seite 120: *The Marshal and the Forgery* – die Leuchtschrift steht für einen leider nie realisierten Film, der auf einem Buch von Magdalen Nabb basieren sollte.

heilenden Kraft der Liebe. Liebe ist aber etwas, das nichts mit Besitz zu tun hat.« Das Tier wird schließlich wieder gesund, und als es eines Tages eine Herde von Pferden am Haus vorbeigaloppieren hört, verlässt es das Mädchen, um zu seinen Artgenossen zurückzukehren. Das Mädchen ist darüber sehr unglücklich. Es muss lernen, dass wahre Liebe nicht bedeutet, zu besitzen und zu nehmen, sondern zu geben.

Das Buch schrieb Magdalen Nabb vor mehr als zehn Jahren. Das Pferd an ihrem Fenster aber entdeckte sie erst vor nicht allzu langer Zeit bei einem Trödler. Genau wie das Mädchen in ihrer Geschichte war sie sogleich verzaubert von dem Pferd, wie es da zwischen all dem Gerümpel lag. Magdalen ging in den Laden und sagte: »Entschuldigung, aber das ist *mein* Pferd!« Der Trödler war einigermaßen verwundert, und Magdalen Nabb erzählte ihm die Geschichte von dem *Zauberpferd*. Der Mann bat sie, das Pferd noch bis Weihnachten ins Schaufenster stellen zu dürfen – ebenso wie in ihrem Buch trug sich die Geschichte nämlich in der Vorweihnachtszeit zu. Danach brachte er ihr das Pferd persönlich nach Hause.

Das Zauberpferd ist auf dem internationalen Buchmarkt sehr erfolgreich – und es wird auch von Erwachsenen viel gelesen. Vielleicht, weil es mehr ist als »nur« ein Kinderbuch, so, wie wahrscheinlich gute Kinderbücher immer sein sollten. Berühmter noch als durch ihre Kinderbücher ist Magdalen durch ihre Krimis geworden, in denen sie den beleibten und gutherzigen sizilianischen Carabiniere Guarnaccia durch die Straßen von Florenz treibt und äußerst kniffelige Fälle lösen lässt.

1975 verließ Magdalen Nabb England, um in Florenz zu leben. Sie, die bereits früh ihre Eltern verloren hatte und in einem katholischen Kloster aufgewachsen war, liebte diese wunderbare Stadt schon, bevor sie jemals dort gewesen war. »Für jemanden, der in England katholisch erzogen wurde, heißt die Hauptstadt nicht London, sondern Rom. Als ich an der Kunstakademie studierte, wurde Florenz zur Hauptstadt meiner persönlichen Welt, wegen seiner Kunstgeschichte und der Bilder, die ich liebe.« Als 1966 der Arno die Stadt überschwemmt hatte, sah Magdalen Nabb in der Londoner National Gallery Bilder der schrecklichen Verwüstung. Sofort spendete sie ihr gesamtes Geld für die Rettung der Kunstschätze.

»Nach Florenz zu gehen war für mich, wie nach Hause zu kommen. Alles war mir vertraut – ähnlich wie in der Geschichte mit dem Pferd.« Als sie 1975 nach Florenz kam und gleich blieb, sprach sie nicht ein Wort Italienisch und hatte auch keine Arbeit. Sie hatte in England alles zurückgelasssen, besaß im Grunde nur noch die Kleider, die sie am Leibe trug. Sie schlug sich als Keramikerin und mit Gelegenheitsarbeiten durch – und begann zu schreiben. »In Florenz wurde ich zu einer Vagabundin. Ich lebte in bescheidenen möblierten Wohnungen. Ich besaß nichts. Aber ich wollte schreiben. Das war stärker als alles andere.«

Erst als sie ihre ersten drei Romane veröffentlicht hatte, konnte sie sich eine eigene Schreibmaschine leisten. Die Wohnung in der Via Romana sind Magdalens erste eigene Räume. Alles, was sich darin befindet, hat sie sich erschrieben. »Jeder, der hereinkommt, sagt, es sähe aus, als lebte ich schon seit dreißig Jahren hier. Ich bin aber erst vor ein paar Monaten eingezogen. Doch ich hatte seit Jahren im Kopf, wie meine Wohnung eines Tages aussehen würde.« Sie sollte in der Nähe der Porta Romana im Erdgeschoss liegen und mehrere kleine Räume sowie einen sonnigen Garten besitzen. Eines Tages rief ein Immobilienmakler an und sagte: »Ich habe genau das, was Sie suchen.« Die Wohnung stand schon seit zwei Jahren leer, war stockfinster und stank. Doch der Garten war voller Sonne und Blumen. »Kein Italiener würde wegen eines schönen Gartens eine Wohnung kaufen. Ich wusste sofort, ich werde es tun.«

Magdalen Nabb ließ die Innenräume umgestalten. Der Umbau dauerte lange, weil sie sich das Geld erst nach und nach durch ihr Schreiben verdienen musste. Sie liebt es, in einem Viertel zu wohnen, in dem viele Handwerker ihre Werkstätten haben. Bei ihnen konnte sie all das Mobiliar in Auftrag geben, das sie schon seit Jahren im Kopf hatte, und beim Antiquitätenhändler erstand sie die Schränkchen, die sie bereits lange vor ihrer Wohnung im Geiste gefunden hatte. Einer amerikanischen Freundin, die wunderschöne Bilder mit Pflanzenmotiven malt, hatte sie versprochen: »Wenn ich eines Tages meine eigenen Räume besitze, dann werde ich als Erstes von dir ein Bild kaufen.« Kaum hatte Magdalen Nabb beim Notar den Kaufvertrag für ihre Wohnung unterzeichnet, rief sie ihre Freundin an ...

Und dann ist da noch die Geschichte mit dem Teppich: Eines Tages begleitete Magdalen eine Bekannte in ein Geschäft für Perserteppiche. Während der Besitzer seine Ware zeigte, entdeckte Magdalen Nabb einen Teppich, der sich in Farbe und Material deutlich von den anderen unterschied. Er lag in einem Raum des Geschäfts aus und war unverkäuflich. Magdalen aber hatte genau diesen Teppich schon lange vor Augen gehabt. Nachdem sie ein wenig mit dem Händler diskutiert hatte, zeigte er sich schließlich einsichtig: »Ich verstehe, der Teppich gehört also eigentlich Ihnen.« Bis Magdalen Nabb ein Jahr später das Geld für das teure Stück beisammen hatte, deponierte der Teppichhändler es in seinem Lager. Dann brachte er den Teppich der Schriftstellerin eigenhändig nach Hause und legte ihn in ihrem Wohnzimmer aus, das sie gleichzeitig als Arbeitszimmer nutzt. Nie vorher hatten sie über die Maße von Teppich und Zimmer gesprochen. Magdalen war sich sicher gewesen, dass alles passen würde. Der Teppichhändler war nun völlig überrascht: »Es sieht so aus, als würde der Teppich hier schon seit dreißig Jahren liegen.«

Türmen sich auf Magdalen Nabbs Schreibtisch Bücher und Papiere, bedeutet das, dass sie gerade ein Buch vorbereitet. Sind alle Stapel vom Tisch verschwunden, heißt das, dass sie schreibt. Jedes Buch entsteht erst vollständig im Kopf der Autorin. Dann erst geht es an die schriftliche

Oben: Gartenidylle in Florenz.
Links: Ein Überbleibsel aus längst vergangener Zeit.
Ganz links: Magdalen Nabbs Arbeitsplatz liegt zwischen Garten und Esszimmer.

Oben: Für Sportutensilien wie Reitkappe, Stiefel und Stiefelknecht findet die passionierte Reiterin immer einen Platz. Rechts: Ein Buchregal darf im Haushalt der Autorin nicht fehlen. Viele ihrer Werke wurden in mehrere Sprachen übersetzt.

Fassung: zunächst gern mit dem Bleistift und anschließend mit dem Computer. »Ich schreibe einen Roman pro Jahr. Dass ich mich hier in meinen Räumen so glücklich fühle, verschafft mir die richtige Atmosphäre und Ruhe für meine Arbeit.«

Sie liebt den Blick in ihren Garten, in dem im Sommer die Blumen blühen und Rotkehlchen und Kohlmeisen zu Gast sind. Bunte Schmetterlinge, »lebendige, fliegende Blumen«, wie Nabb sie nennt, kommen vorbeigeflattert und lassen sich auf den Pflanzen nieder.

Daisy, Magdalens kleine schwarz-weiße Katze mit den großen gelben Augen, sucht sich im Garten gern ein schattiges Plätzchen. Daisy ist das einzige überlebende Junge einer großen Katzenfamilie. Sie war von einem hohen Dach durch die Regenrinne auf die Piazza gerutscht, wo Magdalen sie dann fand. Die Schriftstellerin nahm sich des winzigen Kätzchens an, wurde zu seiner Mutter. Daisy lernte nie, wie eine Katze zu miauen, stattdessen beherrscht sie sieben verschiedene Laute, mit denen sie sich verständigt. Am liebsten sitzt sie auf Magdalens Schulter, versteckt unter ihren Haaren. Und wenn die Autorin telefoniert, redet Daisy eifrig mit. Als Magdalen Nabb eines Tages mit einem englischen Verleger am Telefon verhandelte, wunderte der sich über die eigenartigen Geräusche, die zu ihm durch die Muschel ans Ohr drangen. Magdalen erzählte ihm die Geschichte der kleinen Katzenwaise, die durch die Dachrinne zu ihr kam. Der Verleger war begeistert und sagte: »Magdalen, du musst unbedingt ein Kinderbuch über Daisy schreiben!« Am folgenden Tag rief ein Verleger aus der Schweiz an. Wieder hatte Daisy ein Wörtchen mitzureden, und wieder erzählte Magdalen die Geschichte ihrer Katze ... Inzwischen gibt es mehrere Kinderbücher, in denen Daisy verewigt ist.

»Wenn ich abends in meinem Garten sitze«, berichtet die Wahlflorentinerin, »um ein Glas Rotwein zu trinken, dann höre ich eigenartige Geräusche aus der Wohnung über mir. Dort lebt eine Riesenente, die Zeitungen und Schuhe apportiert wie ein Hund.« Aber das ist eine andere Geschichte.

TIMNA BRAUER
MUSIKERIN, WIEN

EIGENTLICH GIBT ES NICHTS SCHÖNERES, ALS ÜBER DIE MUSIK BRÜCKEN ZU SCHLAGEN.

*F*n der Dornbacher Straße in Wien steht ein kleines gelbes Winzerhaus. Hier wurde früher, zu der Zeit, als der Ort noch das eigenständige Dorf Dornbach war, Heuriger ausgeschenkt, der auf den ganz in der Nähe liegenden Weinbergen angebaut wurde. Seit siebzig Jahren gehört das Dorf zu Wien. Als Timna Brauer mit ihrer Familie vor wenigen Jahren hierher zog, gefiel ihr vor allem die ländliche Atmosphäre des Stadtteils.

In dem kleinen Winzerhäuschen direkt an der Straße richteten sich Timna Brauer und ihr Mann Elias Meiri Tonstudio, Büro und Atelier ein. Durch den dahinter liegenden kleinen Garten gelangt man in das dreigeschossige Haupthaus, in dem das Familienleben des Ehepaars und der beiden Kindern stattfindet. »Es ist ein idealer Zustand, wenn man Familien- und Berufsleben so verbinden kann wie wir. Aus jedem Fenster, aus dem ich sehe, kann ich Blickkontakt mit meinen Angehörigen haben, ich kann den Kindern beim Spielen zusehen und weiß sie beschützt.«

Bis zu dem Umzug in die Dornbacher Straße bewohnten die Brauers eine schöne Dachgeschosswohnung in der Villa von Timnas Eltern, Arik und Neomi Brauer. Dort jedoch war keine Trennung von Arbeits- und Privatleben möglich, denn Studio, Büro und Wohnzimmer befanden sich in einem einzigen riesigen Raum. Durch Zufall las Timnas Mann die Anzeige, in der das Grundstück mit den beiden Gebäuden zum Kauf angeboten wurde. Bei

Links: Orientalischer Schmuck, den Timna bei Auftritten trägt. Ganz links: Das Wohnzimmer. Seite 130: Das Esszimmer mit Timna-Brauer-Porträts von Ernst Fuchs und Arik Brauer.

der Besichtigung spürten Timna und ihre Familie sofort, dass das Anwesen ihren Bedürfnissen in idealer Weise entsprach. Sie mussten das Haus aus der Biedermeierzeit nicht einmal renovieren, es war in einem hervorragenden Zustand. »Ein Glücksfall, denn was wir am wenigsten zur Verfügung haben, ist Zeit.«

Timna Brauer und Elias Meiri sind mit ihrem vielfältigen und breit gefächerten Repertoire weltweit sehr gefragte Musiker. Folk, Jazz, jiddische Lieder, französische Chansons – Timna Brauer beherrscht mit großem Talent und viel Professionalität die verschiedensten Genres. Allein mit ihren anspruchsvollen Mitmach-Kinderprogrammen hat das Paar mit seinem Ensemble zahlreiche Auftritte im Jahr. Fast jedes Wochenende sind die Musiker unterwegs, oft werden sie von ihrer Tochter und ihrem Sohn zu den Konzerten begleitet.

Eine Kleinigkeit wollte Timna unbedingt in ihrem Haus verändern: In der Küche, zu der man ein paar Stufen hinab in das Souterrain geht, klebten graue Kacheln an den Wänden. »In Wien zu leben ist sehr schön. Doch der Himmel ist oft grau. Ich aber liebe die Sonne, also muss ich sie mir manchmal erfinden.« Timna tauschte also die grauen gegen sonnengelbe Kacheln aus. Inzwischen hat sie dazu auch farblich passendes Küchenmobiliar und Geschirr gefunden. Orange, Rot, Gelb sind die Farben, die in allen Räumen dominieren. Erst als sie jetzt darüber spricht, fällt ihr das auf.

Hinter der Küche liegt ein kleines Esszimmer, in dem einige ihrer eigenen Bilder hängen. Timna wünscht sich

sehr, eines Tages wieder mehr malen zu können. Doch dazu müsste sie ganz anders leben, als sie es im Moment tut. »Maler arbeiten in einem anderen Rhythmus, brauchen Zeit.«

Timnas Lieblingsplatz ist am Esstisch an der großen Fensterfront – vielleicht auch wegen des besonderen Lichts, das in den Raum fällt. Häufig sitzt sie hier und liest Zeitung. Ein Porträt, das Ernst Fuchs von ihr malte und für das er auch ein kräftiges Orange wählte, hängt an der Wand, daneben ein Bild von Timnas Vater Arik Brauer.

Timnas Mutter ist Israelin jemenitischer Abstammung – daher auch der Name Timna, der auf Hebräisch »Jemen« bedeutet. Der Einrichtungsstil im Elternhaus der Künstlerin war sehr von der Herkunft der Mutter geprägt. Auf den Böden lagen große Teppiche in kräftigen orientalischen Farben. Die Wände hingen voller Bilder ihres Maler-Vaters, der der Wiener Schule des fantastischen Realismus zugerechnet wird.

Kurz nachdem Timna geboren war, zog es Arik Brauer zusammen mit seinen Kollegen Friedensreich Hundertwasser und Ernst Fuchs von Wien in die damalige Welthauptstadt der Kunst – nach Paris. Am Tag malte Arik Brauer, in der Nacht trat er gemeinsam mit seiner Frau Neomi in dem berühmten Künstlerlokal La Contrescarpe im Quartier Latin auf. In diesem musischen Ambiente wuchs Timna multikulturell und dreisprachig auf. Mitte der 1960er Jahre verlagerte sich die Szene der bildenden Kunst von Paris nach New York; die Familie kehrte nach Wien zurück. Timna besuchte die französische Schule, die Ferien verbrachte sie in Israel, wo ihr Vater in einem Künstlerdorf ein Haus baute.

Es war die Zeit, in der Arik Brauer in Österreich der große Durchbruch als Maler und Sänger gelang. Anfang der 1970er Jahre wurde er mit Protestliedern in Wiener Mundart im gesamtdeutschen Raum berühmt. Timna begleitete ihren Vater bei einigen Plattenaufnahmen und beschloss, auch Sängerin zu werden. Aber was würde sie singen? Und in welcher Sprache? Timnas Muttersprache war Hebräisch, die »Vatersprache« Deutsch, Kultursprache war Französisch, und Englisch wäre auch eine Möglichkeit gewesen. Und wäre mit den unterschiedlichen Sprachen auch ein besonderer musikalischer Stil verbunden? Um sich selbst musikalisch besser kennen zu lernen, arbeitete Timna während ihrer zwei Jahre beim

Oben: Rot, Orange, Gelb – diese ausdrucksstarken Farben dominieren die Einrichtung Timna Brauers und finden sich auch in der Sammlung von Figuren und Geschirr aus den 1950er Jahren. Rechts: Das Arbeitszimmer mit begehbarem Schrank.

festivals zu spielen.« 1986 vertrat Timna Brauer Österreich beim Songkontest in Wien. Dieser Auftritt machte sie in ihrem Heimatland als Jazzsängerin bekannt. Sie blieb in Wien »picken«, wie die Österreicher sagen, und schätzt diese Stadt inzwischen sehr wegen der Lebensqualität, die sie bietet.

In Israel, wo Timna meist den Sommer verbrachte, traf sie eines Tages Elias Meiri wieder. Eine intensive Zusammenarbeit begann. 1987 gelang ihnen in Israel mit eigenen, orientalisch eingefärbten Jazzkompositionen der große Durchbruch. Timna sang auf Englisch, Französisch, Deutsch, Hebräisch, Jiddisch und Arabisch. Aus dieser Zeit stammt die CD *Orient*. Elias Meiri, der bis dahin vor allem in New York gelebt hatte und mit Jazzlegenden wie Dizzy Gillespie und Dave Liebmann aufgetreten war, ging mit Timna nach Wien, um mit ihr zusammen zu leben und zu arbeiten. Der Erfolg des Musiker-Paares wuchs beständig. Sie spielten mit Miles Davis und Herbie Hancock.

Im Mozart-Jahr 1991 wagten sich Timna Brauer und Elias Meiri an eine Bearbeitung der *Zauberflöte*. Sie verjazzten die Oper und fügten ihr Elemente orientalischer Musik bei – Wolfgang Mozart einmal anders. »Die scheinbar unmögliche Kombination von Mozart und Jazz war eine Herausforderung. Man kann es schaffen, wenn man die richtigen Elemente zu arrangieren weiß.« Das Libretto übernahmen sie im Original. Timna sang die Frauen- wie die Männerarien. »Zu meiner Überraschung hat es auch in Österreich, wo Mozart eine Art Heiliger ist, nur Lob gegeben.«

Timna Brauer ist Jüdin. Auch ihre Familiengeschichte trägt deutliche Spuren von dem Leid, das den Juden im 20. Jahrhundert zugefügt wurde. »Brauer ist ein ›erkaufter‹ Name«, erzählt sie, »die Familie meines Vaters hieß Segal. Mein Opa fälschte seinen Pass, um 1917 aus Russland nach Österreich zu fliehen. Bevor er meine Oma kennen lernte, lebte er in einem Männerheim zusammen mit Adolf Hitler. Später erzählte er meinem Vater von dem verrückten Hitler, der stundenlang Reden hielt, obwohl ihm niemand zuhörte. Mein Opa wurde im Konzentrationslager ermordet.«

1992 wurden Timna Brauer und Elias Meiri gebeten, in einer Innsbrucker Kirche am Ostersonntag jüdische Pessah-Lieder zu singen. »Die Begeisterung des Publikums an diesem Abend kann man mit Worten kaum schildern. Sie gab den Anstoß, uns tief gehend mit unseren Wurzeln zu befassen. Wir begannen, ein Programm zu erarbeiten, das nur aus jüdischen Kultgesängen bestand. Es ging uns vor allem darum, die Vielfalt der jüdischen Kultur zu präsentieren, denn in Europa kennt man fast nur die Ghetto- und die Klezmermusik, die in Israel eher verpönt ist, weil damit die Shoa und wehrlos unterdrückte Juden assoziiert werden.«

israelischen Militär als Sängerin. Dort begegnete sie Elias Meiri, der schon damals als ein Wunder am Klavier galt. Nach der Militärzeit erfüllte sie sich ihren Traum und ging nach Paris. Sieben Jahre blieb sie, studierte Gesang, an einer Jazzschule Improvisation und an der Sorbonne Musikwissenschaft. Ihre Doktorarbeit schrieb sie über die Stimme im Jazz. Das multikulturelle Leben in Paris prägte Timna Brauer und ihre künstlerische Entwicklung sehr. »Paris war das Zentrum der Weltmusik. Mit Anfang Zwanzig wurde ich Mitglied des Avantgarde-Jazzorchesters Pandemoneum und bekam Gelegenheit, mit den besten Musikern zu arbeiten und auf den größten Jazz-

Unten: Auf dem Schreibtisch
ein Foto von Elias Meiri mit
Sohn, im Fenster eine Samm-
lung von Puppenköpfen.
Links: Der Garten verbindet
Wohnhaus und Studio.

Timna Brauer erlebt bei ihren Konzerten immer wieder, dass es gerade im deutschsprachigen Raum ein großes Interesse für die jüdische Kultur gibt. »Es berührt mich sehr, wenn ich in winzigen Kaffs in der Steiermark oder in Bayern spiele und die Leute vor Freude fast weinen. Seit ich mit Jewish Spirituals auf Tournee gehe, komme ich mir wahrhaftig wie eine Botschafterin vor. Eigentlich gibt es nichts Schöneres, als über die Musik Brücken zu schlagen.« Für ihr brandneues Projekt *Music for Peace* erarbeitete Timna zusammen mit einem israelischen und einem palästinensischen Chor jüdische, christliche und moslemische Gesänge.

Ihr Reichtum an Sprachen, Gefühlen, musikalischem Geschmack und Können gibt Timna die Möglichkeit, in den verschiedensten Genres der Musik zu Hause zu sein. Diesen Umgang mit unterschiedlichen Stilen zeigt sie auch bei der Einrichtung ihrer Räume. »Wie in der Musik versuche ich, jeden Raum so einzurichten, dass ich mich selbst darin wiederfinde. Das tat ich schon in meinem Kinderzimmer, das tue ich heute sogar, wenn ich mich nur kurz in einem Hotel aufhalte, und auch in meinem Haus. Ich denke nie: Ach ja, dieser afrikanische Stoff passt hervorragend zu meinem tibetischen Teppich. Ich kaufe, was mir gefällt. Und meist passen die Dinge tatsächlich hervorragend zusammen. Auch in der Musik verwende ich die unterschiedlichsten Stilrichtungen, von denen man annehmen könnte, dass sie eigentlich gar nicht harmonieren. Und dann funktioniert es doch. Wahrscheinlich besitzt der Mensch eine Basis an Geschmack und Schönheitsgefühl, um die richtigen Töne zu treffen – in den Farben und in der Musik.«

Die Ausstattung des Winzerhauses zeugt von dieser Mischung der Stile. Auf den Wiener Trödelmärkten zu stöbern ist eine der großen Leidenschaften Timna Brauers. Viele Einrichtungsgegenstände hat sie hier erstanden. »Die meisten schönen Möbel allerdings habe ich bei der Caritas gekauft, ich liebe dieses Holz und Design aus den 1940er Jahren.« Den Teppich im Salon hat sie in Marokko erstanden. Von ihren Tourneen bringt sie sich auch immer wieder wunderbar farbige Stoffe mit, mit denen sie ihre Wohnung dekoriert oder die Kostüme für die Mitglieder ihres Ensembles nähen lässt. Neben dem Kamin hängt ein gerahmter Batikstoff. Ein Student aus Neukaledonien hat ihr das Tuch geschenkt. Sie sollte es

sich eigentlich um die Hüften binden, aber dazu fand sie es viel zu schön. Im Allgemeinen, so Timna, sollten die Dinge in ihrem Haus jedoch eine Verwendung im Alltag haben und nicht nur als Schaustücke in Vitrinen stehen. »Das Kostbare und Museale ist zwar etwas sehr Schönes. Räume sollten aber niemals steril wirken.« So sind auch der Tisch und die Regale aus Glas im Wohnzimmer die einzigen Designerstücke im Haus von Timna Brauer.

Eine besondere Vorliebe hat die Musikerin für Kuriosa wie die kleinen indonesischen Figurenaschenbecher. Da sie vor allem im Garten zum Einsatz kommen, nennt sie sie ihre »orientalischen Gartenzwerge«. Ist nicht gerade diese Bezeichnung ein wunderbarer Beweis für Timna Brauers überaus kreativen Umgang mit den verschiedenen Kulturen und Stilen?

LENA VANDREY
MALERIN UND SCHRIFTSTELLERIN, LAVAL ST. ROMAN

WIE IN EINEM SCHÖNEN TRAUM VON EINER BESSEREN WELT.

*F*n Laval St. Roman, einem kleinen Dorf auf einer Hochebene in der Provence, liegt ein malerisches An-wesen, über das schon Zeitungen berichteten und Fern-sehdokumentationen gedreht wurden. Hier wohnt Lena Vandrey mit ihrer Lebensgefährtin. Lena bezeichnet sich selbst als: Radikalfeministin, Amazone, Frauenbe-wegungs-Koryphäe, Baumeisterin, Laienforscherin für Sozialpsychologie, Engelsfossil, Köchin, aufgeklärte Brie-feschreiberin im Sinne des 18. Jahrhunderts, als weib-lichen Rübezahl, Hellseherin in politischen Dingen, Antifaschistin und vor allem als Beobachterin dieser Welt. Auf keinen Fall aber will sie Künstlerin genannt werden, denn sie wolle nicht etwas tun, nur weil sie es könne, und schon gar nicht sei sie das, was sie tue. Und Lena Vandrey tut eine Menge: Sie malt, schreibt, baut Häuser, betreibt Archäologie, sammelt ...

Im Alter von 17 Jahren verließ sie Deutschland. Früh hatte sie von den Verbrechen der Deutschen erfahren und glaubte, in diesem Land nicht mehr leben zu kön-nen. Malend und schreibend setzte sie sich mit dem Holocaust und dem Leid der Opfer auseinander. Sie ging nach Frankreich, Spanien, Afrika, auf die Balearen – und kam wieder nach Frankreich zurück. In Paris verdiente sie sich als Kindergärtnerin, Tellerwäscherin, Telefonis-tin, Dienstmädchen und Nachtwächterin in einem Hotel ihren Lebensunterhalt. Tagsüber studierte sie und enga-gierte sich in der Frauenbewegung.

Oben: Ein rustikales Stillleben.
Rechts: Unter dem Torbogen
liegt der Eingang zur Küche.
Vorhergehende Doppelseite:
»Ich wohne in einer Art riesen-
großer Scheune mit acht Öff-
nungen«, so beschreibt Lena ihr
Zuhause in der Provence.
Seite 140: Der Pool vor einem
Teil der Mauern aus Abbruch-
steinen.

Lena Vandrey verschlug es nach Südfrankreich. Nicht idyllische Bauerndörfer fand sie dort vor, sondern eine Ruinenlandschaft. Durch die Landflucht standen viele Häuser leer und verfielen.

Lena, die sich selbst als Ruinenkind bezeichnet, waren Stein und Mörtel nicht fremd. Sie entschloss sich, die provenzalischen Bauernhäuser vor dem endgültigen Verfall zu retten. Mit dem Baumaterial, das sie durch das Abtragen der Ruinen gewann, renovierte sie andere Häuser oder errichtete neue. Während dieser Zeit des »Aufbaus durch Abbau« malte sie die Menschen, die ihr begegneten. Und sie skizzierte die Räume und Häuser, an denen sie arbeitete, in der Hoffnung, sich selbst eines Tages ein eigenes Zuhause bauen zu können.

Lena Vandrey kam nach Laval St. Roman, in jene Karstlandschaft der Provence, wo es die meisten Grotten und Höhlen Frankreichs gibt. Sie stieß auf die Überreste einer ehemaligen Herberge, die seit Jahren nur noch von Ratten bewohnt wurde. »Es gab keine Fenster, keine Türen, keine Gitter, keine Treppen – weder Küche noch Bad. Alles musste gefunden, erfunden, gebaut werden.«

Die Dorfbewohner schüttelten den Kopf über Lena Vandrey und ihre Lebensgefährtin, die »verrückten« Frauen, die diese gewaltige Arbeit auf sich nahmen. »Die praktische Tat «, erklärt Lena, die nicht ohne Stolz zurückblickt, »kam aus unserem Geist und aus unseren Händen. Und aus der Liebe und dem Willen zur Schönheit. Nur Liebe ist Kultur.«

Unzählige Male fuhr sie durch die Dörfer der Provence, kam den Abrissbaggern zuvor und trug Steine von den verfallenen Häusern ab. An manchen Tagen schaffte sie tonnenweise Baumaterial nach Laval St. Roman. Während dieser Fahrten lernte sie die unterschiedlichsten Menschen kennen – Handwerker, Antiquitätenhändler, Künstler. Und sie lernte, mit den verschiedensten Materialien umzugehen.

Die schwere handwerkliche Arbeit an dem Haus verstärkte in der Malerin den Drang nach intensivem künstlerischem Ausdruck und ließ sie noch produktiver werden. »Ich denke, dass dieser Ort, aber auch jeder andere Raum Einfluss auf die künstlerische Arbeit ausübt, denn Kunst ist situationistisch geprägt und bedingt. Die Steine, der Mörtel, die Ziegel, die Kacheln enthalten figurative und abstrakte Motive, Gesichter, Bilder. Es ist ein genia-

Links: Im Musikzimmer setzt das schöne Deckengewölbe architektonische Akzente. Ganz links: Das Atelier. Frauen sind Lena Vandreys großes künstlerisches Thema.

les Spiel, und wenn wir einmal bereit dazu sind, befinden wir uns in den Händen dieser Phänomene und können ihnen nicht entrinnen. Das ist ein Grund für Produktionszwänge und das Muss einer beinahe übertriebenen Schaffenskraft.«

Stein, Holz, aus Erde gewonnene Farbpigmente, Wachs – für Lena Vandrey kann alles zum künstlerischen Material werden. Ohne sich bewusst zu sein, dass schon die alten Ägypter ganz ähnlich gearbeitet haben, schafft Lena durch das Einfügen von Scherben, Ton, Steinen, Erde und anderen Naturmaterialien in Wachsschichten Darstellungen von Göttinnen, Amazonen, Hexen, Müttern – Heldinnen aus der Mythologie und der Wirklichkeit. Lena Vandreys künstlerisches Thema ist die Frau, die Frau als freier Mensch. Ihr widmet sie ihr Malen ebenso wie ihr Schreiben.

Lenas Schreibtisch steht im Atelier. Da sie im Gehen und im Stehen schreibt, sei er aber eigentlich überall, also auch im »Kaminzimmer«, im »provenzalischen Zimmer«, im »Musikzimmer«, im »Gewölbe- und Gartenzimmer«. »Ich wohne in einer Art riesengroßer Scheune mit acht Öffnungen. Dieser Ort ist geprägt von einer archaischen Schönheit und gleichzeitig mit den modernsten Kommunikationsmitteln ausgestattet. Wohnen bedeutet für mich der Einfachheit, ja Banalität meiner Natur entsprechend, dass ich hier schlafe, Feuer mache, esse und meinen verschiedenen Aufgaben nachgehe. In diesem Sinne nichts Besonderes und nichts, was mich von anderen Menschen unterscheiden würde. Mein wirkliches Wohnen findet an

Oben: Stillleben mit Außenansicht. Die Materialien, mit denen die vielseitige Künstlerin am liebsten arbeitet, sind Wachs, Steine, Sand, Scherben und Holz.
Ganz rechts: Ein provenzalisches Badezimmer.

einem anderen Ort statt, der nur dem Blick gehört, der Beobachtung von Himmel und Erde, Pflanzen und Tieren sowie der Poesie, dem Wind ein Gesicht zu geben. Mein Lieblingsplatz sind der schöne Kopf und die Schultern meiner Lebensgefährtin.«

Auch ein »Puppenzimmer« gibt es in dem Haus in Laval St. Roman. Denn seit über dreißig Jahren sammelt Lena Vandrey Dinge, die von Frauenhand geschaffen wurden: Puppen, Prozessionsfiguren, Nonnenkästen, Stickereien, Webarbeiten. Sie will, dass diese Sammlung Frauen zugänglich gemacht wird. Sie sollen auf die Kultur ihrer Vorfahrinnen aufmerksam gemacht werden, erfahren, dass das weibliche Geschlecht sehr wohl kulturschaffend war und ist – eine Erfahrung, die das Selbstbewusstsein und die Schaffenskraft von Frauen stärken solle. Über Jahre bot Lena Vandrey ihre Sammlung einem Frauenmuseum in Deutschland an, doch ohne Erfolg. »Trotzdem bin und bleibe ich Sammlerin. Ich sammle auch Sätze und Aussagen von Frauen, Titel und Buchideen und Aphorismen, ich sammle Humor, Anekdoten, und all dies wiederum zu dem Zwecke, es eines Tages verschenken zu können. Die erste menschliche Art des Daseins war das Sammeln und nicht der Krieg.«

Oben links: Eine Installation im
so genannten Puppenzimmer.
Oben rechts: Kästen aller Größe
fügen sich bei Lena zu einem
stimmungsvollen Ensemble.
Unten: In ganz sanftes Licht ge-
taucht ist der gemütliche Alko-
ven am frühen Morgen.
Ganz rechts: Die Künstlerin
sammelt provenzalische Decken.
In den Kästen befinden sich ihre
*objets trouvé*s.

Heute reden die Bewohner von Laval St. Roman mit großem Respekt von Lena Vandrey. Ihr Haus nennen sie
Schloss oder Kloster. Arbeit und Leben der Malerin und
Schriftstellerin werden inzwischen verstanden und aner-
kannt. Durch ihre Ausstellungen in Museen und die
Resonanz in den Medien ist Lena Vandrey zu einiger Bekanntheit gelangt.

Trotzdem hält Lena Vandrey die Provence für einen
Mythos, eine Art Touristenlüge, und nicht für den idea-
len Ort, an dem Künstler ernsthaft arbeiten können.
Sechs Monate im Jahr sei das Wetter so gut, dass es zur
Faulheit verleite. »Und im Winter ist es so unerträglich,
dass selbst der liebe Gott in Frankreich nichts Schöpfe-
risches im Kopfe haben könnte. Wer Inspiration sucht,
wird sie hier nicht finden, und wer sich hier im Spiegel
betrachtet, sieht genauso aus wie in Hongkong, Brüssel
oder Gelsenkirchen.« Dennoch hat Lena Vandrey in Laval
St. Roman einen Ort geschaffen, an dem sich Frauen begegnen können, an dem sie malen, schreiben, reden und
leben können. Über zweitausend Frauen habe sie in
ihrem provenzalischen Haus empfangen, bewirtet, be-
schenkt und ihnen zur Sprache verholfen. »Oftmals hatte
ich den Eindruck, dass meine Bekannten und Freundin-
nen sich hier auch seelisch ausziehen konnten, Dinge
aussprachen ohne jedwede Gefahr von Bestrafung, risiko-
frei, wie in einem schönen Traum von einer besseren
Welt.«

Oben links: »Allegorie des Schla-
fes im Engelsschatten.«
Oben: »Wenn ich in meinem
römischen Becken stehe, weiß
ich, dass sich dieser Moment nie
wiederholen wird.«
Ganz links: Blick vom Garten
auf das Ateliergebäude.

TANJA STAR-BUSMANN
DESIGNERIN, WIEN

DIE WOHNUNG SOLLTE DER SPIEGEL DES MENSCHEN SEIN,
DER DARIN LEBT.

achdem in Österreich die Monarchie von der Republik verdrängt worden war, zog die Österreichische Galerie des 19. und 20. Jahrhunderts in das Anfang des 18. Jahrhunderts für Prinz Eugen, den »edlen Ritter«, als Sommerpalast erbaute Schloss Belvedere in Wien. Gustav Klimt, Egon Schiele oder Oskar Kokoschka sind die großen Publikumsmagneten des Museums, und die Reproduktionen ihrer Werke finden im gut sortierten Museumsshop großen Absatz. Hier arbeitet seit einigen Jahren Tanja Star-Busmann als selbstständige Designerin. Vom Belvedere aus kann sie zu Fuß nach Hause in ihre Wohnung in der Metternichgasse gehen. »Es ist, als hätte ich mir diese räumliche Verbindung so gesucht. Dabei wohne ich schon seit vier Jahrzehnten hier, und die Aufgabe im Belvedere wurde mir unverhofft angetragen.« Tanja Star-Busmann ist davon überzeugt, dass man die Dinge im Leben fließen lassen sollte. »Alles kommt, wie es kommen muss«, lautet ihre Devise. Negative Ereignisse seien oft die Bedingung für positive Veränderungen, diese Erfahrung habe sie immer wieder gemacht. Als sie zum Beispiel in den 1960er Jahren ihren Job in einer Zeitungsredaktion aufgab, war sie zunächst sehr verunsichert, weil sie nicht wusste, wie es für sie als alleinerziehende Mutter mit drei Kindern weitergehen sollte. Dann beschloss sie, die Abfindung, die sie erhalten hatte, erst einmal in ihr Zuhause zu investieren. Sie renovierte die verwohnten Zimmer, gestaltete um – und

Oben: Dieser Porzellanofen
stammt aus früherer Zeit.
Rechts: Der gemütliche Salon.
Seite 154: Raum für eine Gäste-
tafel schuf Tanja Star-Busmann
im Flur neben der offenen
Küche. An der Wand ein klassizistischer Wiener Spiegel.

nähte im englischen Stil, den sie in London kennen gelernt hatte, ihre ersten eigenen Vorhänge. Eine Bekannte,
die Tanja in ihrer frisch renovierten Wohnung besuchte,
war von den Vorhängen völlig begeistert und wollte eben-
solche unbedingt auch haben. Das war Tanja Star-Busmanns erster Auftrag als Innendesignerin. Nach dem
Schneeballprinzip folgte nun ein Projekt auf das andere.
Bald richtete sie Wohnungen, Häuser und sogar Schlös-
ser ein. »Man muss nicht Kunst oder Design studiert
haben, um einen guten Geschmack, um Stil zu haben. Es
gibt Menschen, die haben ein Gespür für Qualität. Auf
Qualität kommt es an – einzig und allein.«

Den Kunden, deren Wohnung Tanja Star-Busmann einrichtet, zwingt sie nicht ihren Geschmack auf. Nur ein
einziges Mal ist ihr das passiert. »Mein erster großer
Auftrag war ein Biedermeierschloss außerhalb von Wien.
Mit einem schmalen Budget hatten die Hausherrin und
ich wunderbare Sachen in London eingekauft und das
Schloss eingerichtet. Irgendwann später kam ich noch
einmal vorbei, um noch ein paar Dinge zu erledigen. Im
Eingang hing plötzlich ein Jagdhorn. Der Hausherr kam
mir strahlend entgegen und sagte: ›Kommen Sie! Ich will
Ihnen etwas zeigen. Ich habe mir die Scheune eingerichtet.‹ In der Scheune befanden sich lauter Gegenstände,
die ich persönlich nicht sehr schön finde. Ich erkannte,
dass ich bei der Einrichtung des Schlosses einen großen
Fehler gemacht hatte. Denn dieser Mann war sozusagen
in die Scheune gezogen, weil er sich in seinem eigenen
Haus nicht so wohlfühlte.«

Wird Tanja Star-Busmann heute gebeten, eine Wohnung
einzurichten, möchte sie von ihren Kunden zunächst erfahren, wer sie sind und wie sie leben. Dabei spielen auch
scheinbare Nebensächlichkeiten wie: Wo wird gern ge-
frühstückt? Wo laufen die Kinder oft rein oder raus? Gibt
es einen Hund und ist der schmutzig?, eine große Rolle.
Äußern die Kunden allzu abwegige Einrichtungsvorstel-
lungen, macht die Innendesignerin sie natürlich darauf
aufmerksam. Ein paar einfache Grundregeln nämlich gel-
ten für jede Wohnung: Eine dunkle Decke etwa lässt
einen Raum immer niedriger erscheinen. Dunkle Wände, die man nur hell überstreicht, werden immer schmutzig aussehen. Und eine räumliche Atmosphäre lässt sich
am wirkungsvollsten durch den gezielten Einsatz von
warmen Lichtquellen erreichen.

So unterschiedlich die Menschen sind, so unterschiedlich
sind auch ihre Geschmäcker und die Ansprüche, die sie
an ihre Wohnung stellen. Gemeinsam ist allen jedoch der
Wunsch, sich in ihrem Zuhause wohlzufühlen. »Ich kann
den Menschen nur raten, beim Einrichten ehrlich mit
sich zu sein, sich zu fragen: Gestalte ich meine Räume so,
weil andere sie dann mögen könnten oder weil ich sie selber so mag?«

Für Tanja Star-Busmann sind in ihrer eigenen Wohnung
die Farben der Stoffe von besonderer Bedeutung. Schon
vor zwanzig Jahren hat sie sich für die weißen Bezüge
ihrer Sitzmöbel entschieden und kann sich heute immer
noch daran erfreuen, was für die Designerin ein deut-
licher Beweis für die Qualität der Stoffe ist. Auch bei
Ikea fände man mittlerweile qualitativ hochwertige Einrichtungsgegenstände, man müsse also nicht unbedingt
viel Geld ausgeben. Ausschließlich mit Ikea-Möbeln würde sich Tanja Star-Busmann allerdings nicht einrichten
wollen. In ihrer Wohnung in der Metternichgasse dominieren Erbstücke von ihren Eltern, Großeltern und Urgroßeltern.

Links: Ein Stillleben aus kostbaren Erbstücken von Eltern, Großeltern und Urgroßeltern.
Ganz links: Das Schlafzimmer mit Vorhängen, die nach englischem Vorbild genäht wurden.

Tanja Star-Busmanns Kindheit war durch viele Umzüge geprägt. Paris, Berlin, Kopenhagen, Südafrika, London sind nur einige der Stätten, in die es die holländische Familie aufgrund der Tätigkeit des Vaters beim Auswärtigen Amt verschlug. 1953 kam Tanja Star-Busmann nach Wien. Sie fand die Stadt wunderbar und studierte Schauspiel am Max-Reinhardt-Seminar. »Nach meinem Abschluss hatte ich einen Sommer lang ein Engagement in den Niederlanden. Dann heiratete ich einen Österreicher und bekam Kinder.« Seitdem wohnt sie in dem sehr wienerischen Haus in der Metternichgasse vis-à-vis der Deutschen Botschaft. Sitzt sie an ihrem Schreibtisch im Salon, hat sie einen wunderbaren Blick über die Baumkronen hinweg in den Himmel. Durch die vielen hohen Fenster ergießt die Abendsonne ihr goldenes Licht in den Raum. Als Tanja Star-Busmann in die Metternichgasse zog, war die Wohnung geteilt, und eine Frau lebte in der anderen Hälfte der Etage. »Eines Tages schrieb ich einen Brief: ›Liebe Frau Nachbarin, ich erwarte mein drittes Kind. Wenn es sein könnte, dass Sie in der nächsten Zeit ausziehen wollen, würde ich mich sehr freuen, wenn Sie mir Bescheid sagten.‹ Am nächsten Tag kam durch den Briefschlitz die Antwort: ›Ja, ich ziehe aus.‹«

Tanja Star-Busmann ermuntert jeden, der ein neues Zuhause sucht, dort anzuläuten, wo er gern leben möchte. Vielleicht hat man wie sie Glück und die Leute, die in dem Haus oder der Wohnung wohnen, wollen zufällig gerade ausziehen.

An dem Mauervorsprung in der Mitte von Tanjas Salon lässt sich noch erkennen, dass der Raum früher aus zwei Teilen bestand. »Wie der Mauervorsprung erinnert auch der antike, aber noch funktionierende Porzellanofen an

Oben: Im Eingang zur Wohnung in der Wiener Metternichgasse. Die Designerin steht im so genannten Pawlatschen.
Rechts: Der Arbeitsplatz im Salon mit dem Schreibtisch des Urgroßvaters.

die Geschichte des Hauses, die man nicht wegwischen sollte«, betont die Designerin.

Trotz der vielen Antiquitäten wirkt nichts in der Wohnung museal und unbelebt. An den Wänden im Salon hängen Ölbilder niederländischer Maler und eines des Russen Glasunow. Tanjas Vater hatte den Lieblingsmaler Breschnews in Moskau kennen gelernt. Den Flur zieren Blumenbilder, die ein Hauslehrer von Tanjas Schwiegervater malte. Den Schreibtisch im Salon ließ sich der Urgroßvater anfertigen, und der Wäscheschrank stammt von der Urururgroßmutter. Hinter dem Esstisch neben der offenen Küche hängt ein klassizistischer Wiener Spiegel, den ihre Mutter im Dorotheum ersteigerte.

Wenn die Innendesignerin Gäste zum Essen erwartet, deckt sie gerne eine stilvolle Tafel mit altem Wedgwood-Geschirr. Tanja Star-Busmann verkleinerte den Küchenbereich und schuf so im Flur Platz für einen großen Esstisch. Die kleine Küche ist zum Essplatz hin offen. »Ich koche gerne, doch ich möchte mich während des Essenbereitens auch meinen Gästen widmen können.« Esszimmer ebenso wie Dielen und Flure sind für die Designerin verlorene Räume, weil man sich zu selten darin aufhalte. Bibliotheken allerdings oder eben Dielen und Flure, die auch als Esszimmer genutzt werden können, seien gelungene Kombinationen.

Platz hält Tanja Star-Busmann neben Licht für den größten Luxus, den eine Wohnung bieten kann. Mit kleinen, wirkungsvollen und darüber hinaus sehr dekorativen Tricks lässt sich auf verschiedenste Weise nutzbarer Raum schaffen. So hat die Innendesignerin in ihrem Schlafzimmer die stark von den selbst genähten, großzügig fallenden Vorhängen bestimmte Atmosphäre aufgenommen und lange, doppelt gefütterte Tücher über runde Tische gehängt. Darunter deponiert sie Zeitschriften oder Gepäckstücke. Und in einer Kammer hängen an dicken Nägeln Einkaufstüten aus Papier an der Wand, in denen sie die Materialien für ihre jeweiligen Projekte aufbewahrt. Das sei viel praktischer und geschmackvoller, als neben dem Schreibtisch Kästen aufzutürmen.

»Innendesignerin«, erkärt Tanja Star-Busmann begeistert, »ist ein wunderbarer Beruf, weil man immer wieder neue Ideen entwickeln und umsetzen kann. Manche Kunden begleite ich ein Leben lang und helfe ihnen dabei, sich in ihrer Wohnung widerzuspiegeln.«

Lea Wyler
Gründerin von Rokpa International, Zürich

Es war, als würde plötzlich das Licht angehen, und ich wusste, was ich von nun an zu tun habe.

ea Wyler wuchs in Zürich in einer alteinge-
sessenen jüdischen Familie auf, in deren Haus ein großer
Freundeskreis aus Wissenschaftlern, Politikern, Schrift-
stellern und Schauspielern verkehrte. »In meinem Elternhaus sprach man über Arthur Schnitzler, Hugo von
Hofmannsthal oder Thomas Mann, als würden sie zur
Familie gehören. Angeregt durch diese musische Umgebung wollte ich immer Schauspielerin werden und sagte
als junges Mädchen: ›Ich stürze mich in die Limmat,
wenn ich nicht spielen darf!‹«

Nachdem Lea in England eine renommierte Schauspiel-
schule besucht hatte, spielte sie an Theatern in der
Schweiz, Großbritannien und Israel und arbeitete für
Film und Fernsehen. »Mein Leben war das Theaterspielen, ich liebte die Bühne, das Spielen und den Applaus.«
In Deutschland machte Lea Wyler sich rar, zu präsent
war ihr noch, was die Nazis ihrem Volk angetan hatten.
Lea Wylers Vater, ein bekannter jüdischer Anwalt, hatte
während der Zeit des Nationalsozialismus deutschen
Juden zur Flucht in die Schweiz verholfen und ihnen
dann Ausreisepapiere verschafft.

Eines Tages bekam Lea Wyler in Israel gleich drei Haupt-
rollen angeboten, und man wollte für sie ein Einper-
sonenstück schreiben. »Ich sagte mir: Was kann einer
Schauspielerin in einer fremden Sprache Besseres passieren – und siedelte nach Israel über.« Lea gab ihre Wohnung in der Schweiz auf, verschenkte die meisten Möbel

Oben links: Roter Stein mit
Buddhastatue im Lotussitz.
Oben rechts: Vor Jahren begeg-
nete Lea Wyler ihrem großen
Vorbild Mutter Teresa.
Unten links: Mitbringsel aus
Tibet und Nepal prägen die
Atmosphäre des Hauses.
Seite 162: Farbenfrohes Schlaf-
gemach mit einem Baldachin
aus Saris.

und richtete sich in Israel ein. Kurze Zeit später rief ihr
Vater an: »Deine Mutter hat Krebs. Bitte komm.«
»Ich habe immer noch das Bild vor Augen, wie ich die
Türen meines eben erst eingeräumten Wäscheschranks
zumache, die Wohnungstür abschließe. Ich verließ Israel,
in der Hoffnung, einen Monat später zurück zu sein.«
Eineinhalb Jahre stand Lea ihrer kranken Mutter bei,
pflegte sie voller Liebe und Aufopferung. Die Mutter
starb. »Mein Leben war plötzlich sinnlos geworden. Ich
wollte nie wieder Theater spielen. Alles, was vorher wichtig gewesen war, wurde mit einem Mal unwichtig.«
Lea begann, sich grundsätzliche Fragen zu stellen: Wozu
lebe ich? Um was geht es im Leben? Womit füllen wir
Menschen die Zeit, die wir zum Leben haben? Womit
möchte *ich* diese Zeit füllen? Sie kam zu dem Schluss,
nicht mehr wie bisher weiterleben zu können. Sie brach
den Kontakt zur Außenwelt ab, setzte sich in eine Zim-
merecke, aß und trank nicht mehr. Nur noch der Tod
schien ihr ein Ausweg zu sein. Da erinnerte Lea Wyler
sich an Akong Tulku Rinpoche, einen tibetischen Lama,
Arzt und Therapeuten, den sie vor Jahren kennen gelernt
hatte. Sie reiste zu ihm nach Schottland. »Akong Tulku
Rinpoche half mir durch den Tunnel meines Leidens hin-
durch, rettete mir das Leben.«
Zusammen mit zwanzig anderen Personen begleitete Lea
den Lama auf eine Pilgerreise durch Indien. »Dort hatte
ich sehr einschneidende Erlebnisse: Menschen, die mas-
senweise auf den Straßen leben. Elend und Verzweiflung.
Leprakranke, die keine Gesichter mehr haben. Ich begann, eine andere Einstellung zu meinem eigenen Leiden
zu entwickeln.«

Und Lea Wyler schämte sich der Probleme, mit denen sich die Menschen in Europa zumeist herumschlagen – Probleme oft, die aus dem Überfluss herrühren. Während man hier darauf achtete, nicht zu dick zu werden, mussten die Menschen in Indien sich darum sorgen, genug Nahrung zum Überleben zu haben.

»Es war, als lebte ich seit dem Tod meiner Mutter in einem dunklen Raum, mit all meiner Trauer, meinen Ängsten, meinem Leid. Dann stand ich eines Tages mit einem großen Sack voller Brot in Indien auf der Straße. Hungrige Menschen stürzten auf mich zu. Das war der Moment, in dem das Licht anging. Das war die Sekunde, in der ich wusste, was ich von nun an zu tun habe.«

Lea Wyler beschloss, ihr Leben sofort und grundlegend zu ändern. Sie wollte zukünftig alles tun, um anderen Menschen zu helfen. Im März 1980 kehrte sie in die Schweiz zurück und gründete das Hilfswerk *Rokpa International* – Rokpa ist das tibetische Wort für »Hilfe«. Sie bat ihren Vater, die Statuten für die Organisation auszuarbeiten, und machte sich selbst daran, Spenden aufzutreiben. »Ich nervte die Menschen mit meinem Wunsch, helfen zu wollen. Wenn ich zum Essen eingeladen wurde, schlug ich vor, lieber auf der Parkbank ein Sandwich zu essen und mir das gesparte Geld für meine Patenschaften zu geben. Ich wurde zur Nervensäge der Nation. Bis auf ein oder zwei Schauspielerfreunde verschwanden damals alle anderen von der Bildfläche.«

Zuerst diente Lea Wyler ein kleines Zimmer in einer Wohngemeinschaft als Büro, dann zog das Hilfswerk in eine winzige Wohnung. Sogar im Badezimmer standen Akten. Mehr als zehn Jahre arbeitete sie allein für *Rokpa International*. Inzwischen engagieren sich Menschen aus der ganzen Welt für die in Indien, Tibet, Nepal, Simbabwe, Südafrika, England und Spanien tätige Organisation. Allein in Tibet wurden mehr als hundert Hilfsprojekte ins Leben gerufen.

Nachdem 1992 in einer großen Schweizer Zeitung eine Titelgeschichte über Lea Wyler und *Rokpa International* erschienen war, gingen genug Spenden ein, um eine Gassenküche in der nepalesischen Hauptstadt Katmandu eröffnen zu können. Bis zu achthundert Mahlzeiten täglich werden dort im Winter ausgegeben. In einem Ort in der Nähe von Katmandu richtete Lea Wyler ein Kinderhaus, eine Klinik, ein Kleiderdepot und eine Ausbildungsstätte ein, in der Frauen nähen lernen können, damit sie nicht mehr betteln müssen. Kinder ebenso wie achtzigjährige Frauen rufen Lea auf den Straßen dankbar »Mami« hinterher.

»Alle Menschen, die mit uns weltweit arbeiten, tun das wie ich gratis, weil sie ihrem Leben einen Sinn geben wollen. Aus der Überzeugung heraus, dass man glücklicher wird, wenn man etwas gibt, als wenn man etwas nimmt, geben sie ihre Kraft und ihre ganze Liebe.«

Kindern wie diesem Mädchen hilft Rokpa International. Allein in Tibet wurden 120 Hilfsprojekte initiiert. Vor dem Foto ist der Kopf eines Buddhas zu sehen.

Oben: Dieses Stehpult ist noch
ein Geschenk von Leas Mutter.
Rechts: Der übervolle Schreibtisch bildet den Mittelpunkt des
Arbeitszimmers.

Fünf bis sechs Monate im Jahr ist Lea Wyler unterwegs.
Sie begleitet die Projekte vor Ort und versucht, auf Fest-
veranstaltungen oder bei Vorträgen Spenden aufzutreiben. »Ich bin immer *vor* einer Reise oder *nach* einer
Reise. Seit ich so viel weg bin, schätze ich das Heimkom-
men sehr.«
Ihr Haus in Benglen, sieben Kilometer von Zürich entfernt, ist der Ort, an dem sie neue Kraft schöpft und wo
es ihr kurzzeitig auch gelingt, an etwas anderes zu denken als an die Kranken und Armen in der Welt. Wirklich
Pause von ihrer Arbeit jedoch macht Lea Wyler nie. »Ich
bin wie eine Schnecke, die statt ihres Hauses immer ihr
Büro überall mit hin nimmt – nur schneller!«
Als sie vor mehr als zehn Jahren in ihr kleines Haus ein-
zog, stellte sie in jeder Etage Schreibtische für *Rokpa*

International auf. Irgendwann wurden die Räumlichkei-
ten trotzdem zu eng, und sie mietete für die Organisation ein Büro in der Innenstadt von Zürich.
Nach wie vor jedoch nennt Lea Wyler den Raum im Erdgeschoss ihres Hauses nicht Wohn-, sondern Arbeitszimmer. Hier sitzt sie am Schreibtisch und genießt den
Blick in den kleinen verwilderten Garten.
An der Wand hängen Familienbilder. Eines von ihnen
zeigt ihren Großvater Felix Salten, den Autor des Kinder-
buchs *Bambi* und des Romans *Josephine Mutzenbacher*,
beim Vorlesen. Porzellan- und Steinfiguren aus Nepal
und Tibet stehen auf den Tischen und Regalen. Aus Tibet
brachte Lea Wyler auch das Bild von dem glückbringen-
den Drachen mit. Ein siebenundachtzigjähriger tibeti-
scher Maler hat es ihr geschenkt. Der antike Schrank und
das Stehpult sind Geschenke von Leas Mutter. Sie machten vor Jahren die weite Reise nach Israel und wieder
zurück in die Schweiz. Auf dem Schrank steht eine Fotografie, die Lea Wyler neben ihrem großen Vorbild, Mutter Teresa, zeigt.
In der Küche hat Lea Wyler Bilder ihrer nepalesischen
Kinder an die Wand gepinnt. »Ich wechsele die Fotos
Jahr für Jahr gegen neue aus, so kann ich den Kindern,
auch wenn ich hier bin, beim Wachsen zusehen.« Die
Wand im Flur schmücken Tangkas, tibetische Rollbilder,
und eine echte Schweizer Kuckucksuhr – Verweise auf
die beiden Welten, in denen Lea Wyler zu Hause ist.
Eine schmale Treppe führt hinauf ins Schlafzimmer. Hier
hat sich Lea einen Baldachin aus Saris, den Stoffen, die
sich die indischen Frauen als Kleider um den Körper
wickeln, unter die Decke gehängt. Einer der Saris gehörte Leas Mutter. Das Schlafzimmer ist auch der Raum
zum Meditieren. »Nach dem Tod meiner Mutter beschäftigte ich mich mit dem Buddhismus. Der Grundge-
danke, dass alles in einem selbst ist, man sich nicht nach
außen orientieren sollte und seinen Geist so trainieren
kann, dass man die schlimmsten Situationen übersteen
kann, faszinierte mich.«
Der Buddhismus setzt auch auf das helfende Handeln
der Menschen. »Jeder von uns könnte helfen, Kinder von
der Straße zu holen. Ich bin ununterbrochen auf der
Suche nach Menschen, die wie ich das Privileg genießen,
viel mehr als das Nötigste zu besitzen. Gemeinsam können wir mit Geld da helfen, wo Hilfe wirklich gebraucht
wird, können wir etwas von dem abgeben, was wir im
Überfluss haben. Geben macht glücklich. Wenn ich sagen würde, ich tue das alles nur für die anderen, dann
würde ich lügen. Ich tue es ebenso für mich. Wenn ich
ein weinendes, krankes Kind von der Straße aufnehme
und ihm ein Zuhause gebe, dann verschafft mir das große
Freude und Befriedigung. Aller Erfolg auf der Bühne,
aller Applaus der Welt ist nicht vergleichbar mit dem Gefühl in diesem Moment.«

SONA CERVENA
KAMMERSÄNGERIN UND SCHAUSPIELERIN, HAMBURG

DAS THEATER IST MEIN ZUHAUSE.

ch lebte für meinen Beruf, für das Theater, nichts war mir wichtiger. Fast jeden Abend stand ich auf einer anderen Bühne.« In ihren Memoiren *Heimweh verboten* beschreibt Sona Cervena einen Monat aus ihrem Leben als Opernsängerin: dreizehn Vorstellungen in vier verschiedenen Städten, Proben in der fünften, und zwischen den Städten liegen fünftausend Kilometer. »Einer meiner erfolgreichen Kollegen sagte mal über sich selbst: ›Ich lebe gern und nebenbei singe ich auch!‹ Ich habe nebenbei gelebt und gesungen um mein Leben – angetrieben von einem Motor, der nicht aufzuhalten war.«

Die Kammersängerin hat mehr als hundert verschiedene Opernrollen gesungen, allein die *Carmen* über einhundertfünfzig Mal. Auf allen großen Bühnen der Welt hat sie gestanden, in Berlin, Wien, Bayreuth, Salzburg, Mailand, London, San Francisco. In San Francisco hat sie gern gelebt, elf Spielzeiten lang war sie dort zu Hause. Dann kehrte sie doch wieder nach Deutschland zurück. »Deutschland ist *das* Land für Opernsänger. Es gibt in fast jeder Stadt eine Opernbühne. Nirgendwo sonst auf der Welt ist das so.«

Nach vierzig erfolgreichen Jahren als Opernsängerin wollte Sona Cervena sich Ende der 1980er Jahre vom Theater zurückziehen und sich in Südfrankreich niederlassen. Sie hatte bereits den Umzug organisiert, als sie einen Anruf vom Hamburger Thalia Theater erhielt: Robert Wilson wollte sie für *The Black Rider* engagieren, und die Sängerin brachte es nicht über sich abzulehnen.

Oben: Der mit Intarsien verzier-
te Schrank aus Edinburgh zieht
sofort alle Blicke auf sich.
Oben rechts: Über dem antiken
Gebetsstuhl aus Seeon hängt ein
Gemälde von Alfons Mucha.
Rechts: An diesem Flügel spielte
schon der Vater von Sona Cer-
vena vor vielen Jahren in Prag.
Seite 168: Auf der Bühne des
Hamburger Thalia Theaters.

»Das Musical hatte großen Erfolg, mit mehr als einhun-
dertfünzig Reprisen. Es folgte ein weiteres Musical mit
Robert Wilson und Tom Waits und ein nächstes, wieder
von Robert Wilson und mit der Musik von Lou Reed. Ich
bin in Hamburg hängen geblieben. Mit Begeisterung.«
Im Flur ihrer Hamburger Wohnung hat Sona Cervena
ein Poster vom Zuschauerraum des Thalia Theaters aufgehängt. »Jedes Mal, wenn ich an dem Bild vorbeigehe,
bekomme ich einen Lampenfieberstoß. Lampenfieber ist
ein Segen, es trägt einen auf eine andere Ebene. Man
kann die Bühne nicht betreten wie eine Kneipe oder ein
Kaufhaus.«
Sona Cervena lebt im schönen Universitätsviertel Ham-
burgs, in einer ehemaligen Möbelfabrik, die zu Wohnungen umgebaut wurde. Ihr Zuhause betrachtet sie als
einen Ort des Rückzugs und der Konzentration. Im großen Wohnraum hängt eine riesige Bahnhofsuhr. Die Sängerin hat eine besondere Schwäche für Uhren. Sie sagt
von sich, dass sie sehr pünktlich sei, fast unerträglich
pünktlich. Sie schaffe es einfach nicht, zu spät zu kommen, auch wenn sie es sich noch so fest vornehme.
Vier Möbelstücke dominieren den Raum. Alle haben
eine besondere Cervena-Geschichte. Den antiken Gebetsstuhl entdeckte die Sängerin bei einem Antiquitätenhändler in Seeon, als Karajan sie zu den Salzburger Fest-
spielen holte. Der wunderschöne Barocksekretär stammt
aus Frankfurt am Main. Obwohl er sündhaft teuer war
und sie damals noch nicht viel Geld besaß, musste sie ihn
unbedingt haben – als Erinnerung an ihre verlorene Heimat. Denn einen ganz ähnlichen Sekretär hatte Sona Cervena in Prag besessen. 1961 hatte die gebürtige Tschechin
dort alles zurückgelassen und war nur mit einer Handta-
sche in den Westen geflohen.

Oben: Die Künstlerin in ihrer
Garderobe im Thalia Theater.
Rechts: Sona Cervena im großen
Zuschauerraum.

Fast in der Mitte des Raums steht ein Flügel. Schon der Vater von Sona Cervena hat darauf gespielt. Auf Umwegen, beinahe illegal, gelangte das Erbstück in den 1970er Jahren durch den Eisernen Vorhang zu ihr nach Deutschland. »Es war wie ein Wunder.«

Den schönen, mit Intarsien verzierten Schrank hat Sona Cervena von einem Gastspiel in Edinburgh mitgebracht. Er ist seltsamerweise ganz leer. Die Sängerin hasst nämlich vollgestopfte Schränke. »Deshalb habe ich vor kurzem diesen antiken Schrank leer geräumt. Ein wunderbares Gefühl der Leichtigkeit. Noch heilsamer ist es für mich umzuziehen, weil ich mich dann noch radikaler vom Ballast trenne. Ich habe nicht gezählt, wie oft ich umgezogen bin. Ich liebe das Umziehen.« Auch von ihren Tagebüchern, die während dreißig Jahren entstanden waren, trennte sich Sona Cervena, als sie ihre Memoiren verfasst hatte. Manchmal, denkt die Sängerin, fände sie es reizvoller, immer in einem Hotel zu wohnen. Sie wäre von der Last der Dinge und des Alltags befreit. »Ich finde es Zeitverschwendung und auch lächerlich, im 20. Jahrhundert die Waschmaschine zu füllen und zu leeren. Ich möchte mich mit den Sachen beschäftigen, die mir wirklich wichtig sind.«

Viel wichtiger als Wohnräume sind für Sona Cervena daher die geistigen Räume, die sich bei der intensiven Auseinandersetzung mit einem Gegenstand auftun können. Noch immer erinnert sich die Sängerin begeistert an die Proben für die Oper *Lulu* mit dem Regisseur Wieland Wagner im Jahre 1966. »Manchmal zwang er uns, seine Regieanweisungen bis in die kleinsten Details auszuführen, ein anderes Mal ließ er uns in eigene Sphären und Inspirationen abheben. Dass beides zusammen seinen Zweck erfüllte, wusste nur er: Entwicklung, Eskalation, Konzentration und Höchstleistungen schon bei den Proben. Wieland Wagner eröffnete mir neue Räume. Die Rolle rückte mir nahe bis zur Inkarnation.«

Theaterspielen, Singen, gemeinsam mit anderen Künstlern Programme entwickeln, Übersetzen, Schreiben – damit möchte Sona Cervena sich beschäftigen, und kein unnötiger Ballast soll sie daran hindern. »Wenn es mir wieder einmal zu viel wird, dann ziehe ich um und befreie mich von den Dingen, die mich belasten. Innerlich merke ich, wenn es so weit ist. Ein leichtes Kribbeln ist schon da.«

RAJA SCHWAHN-REICHMANN
MALERIN, WIEN

EIN JEDES DING BRAUCHT EINE SICHTACHSE ZU MIR.

ehrt man des Abends in den GMUA-Keller in Wien ein, um eine Kleinigkeit zu essen, kann es passieren, dass man mitten in eine Theateraufführung hineinplatzt. Auf der Bühne stehen Museumsdirektoren und Journalisten, Prominente und Nichtprominente und geben ein Stück von Arthur Schnitzler. Einmal im Jahr findet diese Hommage an den Wiener Fin-de-Siècle-Schriftsteller statt. Zu diesem Ereignis pflegt – inmitten des illustren Publikums – die Künstlerin Raja Schwahn-Reichmann nicht zu fehlen, denn sie hat die ausgefallenen Kostüme für den Theaterabend entworfen. Raja, stets selbst in ein dem Anlass entsprechendes Kostüm gewandet, kleidet auch viele Besucher des alljährlichen legendären Wiener Life Balls ein und gestaltet Räume aller Art zu festlichen Ereignissen.

Bei der Inszenierung von Festen und Bällen legt Raja Schwahn-Reichmann viel Wert auf üppig-barocke Gestaltung und lebt dabei in vollen Zügen ihre Leidenschaft als Malerin aus. »Ich nenne mich Malerin, aber im klassischen Sinne. Vor dreihundert Jahren war man als Maler für seinen Auftraggeber von den Pantoffeln bis zur Frisur, von der Architektur bis zur Malerei für alles verantwortlich. Es fehlt mir nur noch der Hof, um ein Hofmaler zu sein.«

Die Künstlerin sieht sich in der Tradition von Malern, die sich durch einen nicht gerade kargen und schlichten Stil auszeichnen. Ihr großes Vorbild ist Johann Baptist Wenzel Bergl, der im Auftrag von Kaiserin Maria There-

Rechts: Seit Jahren ist Raja
dabei, den Bücherschrank ein-
zuräumen, während daneben
Türme aus Schachteln und Erin-
nerungsstücken weiter wachsen.
Seite 174: Teeküche, Chinoiserie-Kabinett, Opiumhöhle ...

sia das Goeß-Appartement in Schloss Schönbrunn ausmalte. Abbildungen von Bergls meisterhaften, opulenten
Wand- und Deckenmalereien möchte Raja immer in
ihrer Nähe wissen, sie sind für sie eine Art Bibel.

An beinahe jeder Wand in Rajas Wohnung hängen in
Mustern und Farben verschwenderisch gestaltete Stoffe.
»Früher hatte jeder Maler auch eine Sammlung und ein
großes Interesse an Stoffen. Stoffe sind für mich Inspiration – wie gewebte Dokumente bestimmter Gegenden
und Zeiten.«

Nach farbenprächtigen Brokaten sei sie süchtig, erzählt
die Malerin. Einmal im Jahr fährt sie nach Nepal oder
Tibet, um eine Reise ins Reich der ausgefallenen Gewebe
zu unternehmen. »Wenn man in Nepal in ein Geschäft
geht, ist es, als würde man in Paris zur Zeit von Ludwig
XIV. einkaufen gehen.«

Rajas Wohnung in Wien ist nicht groß: sie hat nur zwei
Zimmer und ein Kabinett, doch die aus Asien mitge-
brachten schweren Brokate eingewickelt und platzspa-
rend in den Koffern zu lassen, brachte sie nie übers Herz.
Mitbringsel von all ihren Reisen schmücken die Räume –
ebenso wie Reste ihrer Raumdekorationen für Bälle oder
Modenschauen.

Seit fünfzehn Jahren lebt Raja in dieser Wohnung nahe
der Donau, in dem 1912 erbauten Haus, in dem sie auch
geboren wurde. In dem Viertel liegen der Augarten, in
dem Mozart einst zum Konzert aufspielte, und die Sperl-
gasse, in der Sigmund Freud zur Schule ging und die an
das berühmte Kaffeehaus Sperl erinnert, wo die Brüder
Strauß mit ihrer Musik bekannt wurden. Ursprünglich
waren die Wohnungen so geschnitten, dass Bad und
Küche nicht getrennt waren. Raja unterteilte die Räume,
ließ dabei aber deren funktionalen Charakter verschwinden. »Ich bin sowieso keine gute Köchin. Also richtete
ich mir eine Art Tee- und Frühstücksküche ein, die gern
auch wie ein Opiumkabinett aussehen kann.«

Raja Schwahn-Reichmann hat eine große Leidenschaft
für Porzellan. Besonders liebt sie den asiatischen Stil. Für

Links: Ein Osterteller für die
Ewigkeit – gefüllt mit perlenbestickten Holzeiern aus Siebenbürgen, einem Emailleei aus
Russland und Glitzerkram.
Ganz links: Das Wohnzimmer –
ein Paradies fürs Auge.

die Küche hat sie ein Regal entworfen, in das sie alle Stücke wie in einem Chinoiserie-Kabinett ausstellen kann.
»Ich würde mich nicht als Sammlerin, sondern eher als
erfolglose Nichtsammlerin bezeichnen. Ich will nicht
sammeln, es sammelt sich von selber an. Also mache ich
aus der Not eine Tugend. Wenn sie mich bestürmen,
dann bekommen alle Dinge ein halbwegs dekoratives
Platzerl, sodass ich sie nicht aus den Augen verlieren
kann und sie mich nicht weiter stören und vor allem
nicht die anderen Sachen verdecken. Daraus ergibt sich –
notgedrungen – ein Korallenriff. Ein jedes Ding braucht
eine Sichtachse zu mir.«
Raja träumt davon, mithilfe eines wunderbaren Kasten-
systems Ordnung und Raum zu schaffen. Der Versuch,
das mit einem aus einem alten Hotel ausrangierten
Schrank zu erreichen, scheiterte. Raja kann die Dinge,
die sie liebt, nicht wegschließen.
Für den ersten Raum, den sie im Rahmen eines Auftrags
ausmalte, erhielt sie als Gegengeschenk einen Kamin, der
allerdings kaum mehr als ein Steinhaufen war. Raja restaurierte ihn, und statt ein echtes Feuer in ihm zu ent-
zünden, malte sie eines hinein. »Der Kamin ist eine
typisch ungarische Manufaktur, die gut in den Stil meines
Wohnhauses passt. Das Tortenhafte gefällt mir.«
Die barocke Raumgestaltung, die Raja Schwahn-Reichmann für den Life Ball vornahm, inspirierte sie dazu,
auch ihre Stühle entsprechend zu bemalen. Kräftige Farben und verschwenderische, überbordende Formen und
Muster kennzeichnen die Kunst der talentierten Wiene-

Oben: Der Kamin ist eine typisch ungarische Manufakturware. Darüber ein alter Spiegel.
Oben rechts: Blick in die Küche durch einen Torbogen aus Stoff.
Ganz rechts: Die »goldenen Schuhe« auf einer aus nepalesischen Goldbrokaten genähten Barockrobe.

rin. In Frankreich malte sie die achteckigen Räume eines Schlosses aus, im Belevedere eine über den ehemaligen Zimmern Prinz Eugens gelegene Privatwohnung, und für die jüngste amerikanische Verfilmung von *Die drei Musketiere* gestaltete sie unter anderem ein barockes Straßentheater.

Dass man von Wien aus so schnell nach Ungarn, Italien oder in die Schweiz gelangen kann, macht für Raja die Lebensqualität dieser Stadt aus. So war es ihr beispielsweise auch problemlos möglich, in der Schweiz für ein befreundetes Ehepaar einen alten, in 2000 Meter Höhe malerisch am Rigi gelegenen Bahnhof vom Umbau bis zur Einrichtung komplett umzugestalten. Das keramisch gestaltete Schwimmbad ist ebenso ihr Werk wie das sich anschließende, opulent inszenierte Silvesterfest – Raja war ganz in ihrem Element als Hofmalerin.

»Inspiration kommt für mich aus dem Schönen, nicht im Sinne von Behübschen, sondern aus dem Komischen, aus dem Lustigen – im tiefsten und ernsthaftesten Sinne. Alles hat für mich mit Lust zu tun.«

Schon als Kind wünschte sie sich mehr Farbigkeit. Gern hätte sie die Farben des Regenbogens in ihrem Zimmer gehabt, das sie sich mit ihrem Bruder teilen musste. Doch es waren die 1950er Jahre, und Beige war angesagt – in allen Varianten. Zum Anziehen bekam Raja meist Sachen, die der jüngere Bruder nach ihr auch noch tragen konnte, also nichts Mädchenhaftes. Dabei hatte Raja Schwahn-Reichmann schon als Kind eine Vorliebe für Rüschchen. Wie wunderbar Raja zeichnete, erkannten ihre Eltern glücklicherweise früh und förderten die Entwicklung zur Malerin. Wenn das Mädchen gefragt wur-

Links: Raja Schwahn-Reichmann in der Eingangstür zu ihrer Wohnung. Sie trägt ein Kostüm aus der Zeit der Jahrhundertwende. Ganz links: »Ich will nicht sammeln. Es sammelt sich an ...«

de, was es später einmal werden wolle, kam ihm meist schon die Mutter mit der Antwort »Malerin« zuvor. Zeitungen berichteten über das Talent des Kindes. An der Akademie der Bildenden Künste ließ sich Raja als Restauratorin ausbilden. Sie wollte den alten Dingen und Bildern näher sein, sie bewahren, und die Malerei auch als Handwerk erlernen, wie es in den Klassen für freie Künstler nicht mehr möglich ist.

»Heute«, bedauert Raja Schwahn-Reichmann, »ist die Malerei karg. Ich kann mich der Aussage von Thomas Bernhardt nicht anschließen, dass Inspiration aus dem Ekel käme. Ich mag nicht ausdrücken, reflektieren wollen, um den Kummer der Welt zu zeigen. Diese Trennung, wie sie erst seit zweihundert Jahren versucht wird, dass nämlich die Arbeit ernst und nur das Fest unterhaltsam zu sein habe, halte ich für unsinnig. Lustiges und Ernstes gehören einfach zusammen. Sie machen das Leben aus.«

Von einem üppigen, prallen Leben zeugt die Wohnung der Malerin. Die schweren, bunten Stoffe, die Kostüme aus Samt, die Bilder, die perlenbestickten Brautkronen und die unzähligen anderen Dinge aus allen möglichen Zeiten und Ländern schaffen eine magische Atmosphäre, der man sich kaum entziehen kann. Und dazu die Musik, die die Räume erfüllt, Musik, zu der die Menschen in Siebenbürgen in ihren prachtvollen Trachten die Nächte durchtanzen ...

Rajas barocker Stil prägt jeden Raum durch üppige Schönheit. »Ich habe eine Phobie gegen das Schlichte.«

LENE GAMMELGAARD
BERGSTEIGERIN, THERAPEUTIN, AUTORIN, KOPENHAGEN

MEINE WOHNUNG IST MEINE KOMMANDOZENTRALE.

F m Frühjahr 1996 bestieg Lene Gammelgaard als erste Skandinavierin den Mount Everest, den höchsten Berg der Welt. Was als Krönung ihrer bisherigen Erfahrungen als Bergsteigerin geplant war, wurde zu einer Tragödie. Von den 26 Expeditionsteilnehmern, die mit Lene Gammelgaard zusammen den Gipfel erreicht hatten, kamen einige beim Abstieg in einem gewaltigen Schneesturm ums Leben. Es war die größte Katastrophe in der Geschichte der Mount-Everest-Besteigung.

»Wegen des Ausmaßes der Katastrophe wurde in der Presse unglaublich ausführlich darüber berichtet«, erinnert sich die Dänin. »Für uns, die wir dabei gewesen waren, und für diejenigen, die geliebte Menschen auf dem Berg verloren hatten, war die Beharrlichkeit der Medien manchmal schrecklich.«

Nach ihrer Rückkehr nach Dänemark wusste Lene Gammelgaard nicht, wie sie das Erlebte jemals würde verarbeiten können. Wie und an welchem Ort sollte sie mit der ungeheuren Trauer fertig werden, wie je wieder zur Ruhe kommen und zu einer Normalität zurückfinden?

In dieser Zeit wurde ihr die Wohnung im Kopenhagener Stadtteil Osterbro angeboten. Osterbro ist eine gute Gegend, viele Akademiker leben dort, es gibt kleine, nette Geschäfte und Cafés, nichts Versnobtes. Trotz der Enttäuschung, die Lene bei der Besichtigung zunächst wegen des wenig ansprechenden Anblicks des 1950er-Jahre-Hauses und des ausgesprochen renovierungsbedürftigen Zustands der Räume empfand, spürte sie doch, dass die-

Oben: Lene öffnet die Flügeltür
zu ihrem Wohnzimmer.
Rechts: Hell und licht wirkt der
Wohnstil der Dänin.
Seite 184: Eine Kalligrafie aus
China. Das Schriftzeichen
bedeutet »Frieden« und ist Lene
Gammelgaards Firmenlogo.

Erfahrungen von Bedeutung, die ich in mir gesammelt habe – und das Zusammensein mit Freunden und Menschen, die ich liebe. Dinge zu besitzen interessiert mich nicht, weil es gefangen macht.«

Natürlich sei sie deprimiert, erzählt Lene Gammelgaard, wenn sie sich in weniger schönen Umgebungen aufhalten müsse – überhaupt sei für sie die fantastischste Umgebung die Natur. Eines Sonntags, früh am Morgen, stürmte es stark in Kopenhagen. Lene trieb es hinaus, sie wollte den Wind spüren. Während sie durch die Straßen lief, entdeckte sie in einer Galerie zwei Bilder, die genau die wilde, unbeherrschbare Natur darstellten, die sie so sehr liebt. »Als ich später wiederkam, traf ich in der Galerie den Künstler und hatte sofort eine seelische Verbindung zu ihm. Eigentlich wollte der Mann die Bilder behalten, doch durch den Austausch unserer Lebensgeschichten gab es ein gemeinsames Verstehen, und er verkaufte mir die Bilder.«

Vor Jahren schenkte eine chinesische Familie Lene Gammelgaard aus Dankbarkeit ein chinesisches Blumenbild und eine Kalligrafie mit dem chinesischen Wort für »Frieden«. An diesen Geschenken hängt die Dänin sehr. »Dinge, die eine menschliche Geschichte haben, verbunden mit dem Austausch von Kulturen, Loyalität und Liebe, bedeuten mir sehr viel. Sie sind eine Bereicherung für mein Leben.« Die chinesischen Schriftzeichen für »Frieden« hat Lene Gammelgaard inzwischen zu ihrem Firmenlogo gemacht.

Nach der Rückkehr vom Mount Everest war die Dänin, die die Katastrophe auf dem höchsten Berg der Welt überlebt hatte, berühmt geworden. Sie stürzte sich in Arbeit, um das traumatische Erlebnis zu vergessen. »Ich hatte mich absichtlich in einen Workaholic verwandelt, nur um nicht fühlen zu müssen, um nicht trauern zu müssen.« Lene Gammelgaard schrieb das Buch *Die letzte Herausforderung. Wie ich die Tragödie am Mount Everest überlebte* und richtete in ihrer Dreizimmerwohnung ein Büro ein, in dem sie Konzepte für Seminare und Vorträge über die Entwicklung von menschlichen Ressourcen durch Naturerlebnisse ausarbeitet und organisiert. »Wenn ich mein Leben betrachte, war es immer die Konfrontation mit der Natur, durch die ich gewachsen bin. Die Natur ist ein guter Lehrmeister für das Individuum.«

Lene Gammelgaard gibt heute Motivationskurse für Angestellte und Manager von Firmen. Sie berät und trainiert ihre Kunden, wie sie Karriere und Lebensqualität miteinander vereinbaren und einen Burn-out verhindern können. Bevor Lene den Mount Everest bestieg, arbeitete sie als Familientherapeutin in einem Drogenzentrum. Diese Tätigkeit hält sie für nicht sehr verschieden von ihrer heutigen Arbeit mit Geschäftsleuten. »Das Thema ist das gleiche: die Entwicklung von menschlichen Ressourcen.«

se Wohnung zu ihr und ihrer gegenwärtigen Situation passte. So nahm sie das Angebot an und richtete sich in Osterbro ein. »Für mich ist es sehr wichtig, dass mein Zuhause meine Persönlichkeit widerspiegelt. Ich versuche mich so einzurichten, dass meine Räume mein Ich zeigen.«

Kerzenhalter von einem dänischen Designer, ein Schrank vom Antiquitätenmarkt, Sitzmöbel aus England, Lampen aus Italien. Lene liebt es, sich mit schönen Dingen zu umgeben, gleichgültig, ob sie vom Stil her zusammenpassen. Von ihnen abhängig machen will sie sich aber nicht. »Ich bin eine Zigeunerin, eine Wanderin. Dinge sind, was sie sind. Es liegt nicht in meiner Natur, mein Herz an Gegenstände zu hängen. Für mich sind Erlebnisse und

Lene Gammelgaard betrachtet ihre Wohnung als die Basisstation, von der aus sie mit der Zivilisation in Kontakt tritt. Sie sei in ihren Räumen die zivilisierte, professionelle Frau, die ihr Geschäft vorantreibt. »Meine Wohnung ist meine Kommandozentrale.« Wenn Lene nicht auf Vortragsreisen ist oder ihre Seminare abhält, entwickelt sie in ihrer Wohnung Ideen, arbeitet Konzepte aus, organisiert, knüpft Kontakte mit Geschäftspartnern, erledigt Büroarbeiten, schreibt Bücher. »Ich habe so viel zu tun, dass ich eine große Firma gründen könnte. Doch das möchte ich nicht, weil ich Freiraum zum Reflektieren und Schreiben brauche. Und ich möchte die Verbindung zur Natur nicht verlieren.«

Nachdem sie sich nach der Tragödie auf dem Mount Everest fast bis zum Zusammenbruch überarbeitet hatte, versucht Lene heute zu einem normalen Lebensstil mit Feierabend und freiem Wochenende zurückzufinden. Ihre Arbeit, die so vielfältige Aktivitäten miteinander verbindet, ist sehr selbstbestimmt. Die gängige Unterscheidung zwischen Arbeit und Freizeit lässt sich in ihrem Fall nicht aufrechterhalten. Das ist ein großes Privileg, gleichzeitig bedeutet es aber auch eine enorme Herausforderung und Anstrengung, immer für alles selbst verantwortlich zu sein.

Nach dem Unglück auf dem Mount Everest hat Lene das Bergsteigen aufgegeben. Einer so großen Gefahr wie in jenem Frühjahr 1996 würde sie sich heute nicht wieder aussetzen. Und doch sei ihre Einstellung zum Bergsteigen die gleiche wie damals, als sie sich dieser Herausforderung stellte: »Man muss lernen, Verantwortung für sich zu übernehmen. Die höchsten Gipfel der Welt sind in dieser Hinsicht ausgezeichnete Lehrmeister. In der so genannten Todeszone oberhalb von 7900 Metern muss man einfach wissen und voll und ganz akzeptieren, dass hoch hinaus zu wollen ein Spiel auf Leben und Tod ist. Aber alles, was man tut oder lässt, ist letzten Endes die eigene Entscheidung. Man ist für sich selbst verantwortlich, wie immer im Leben.«

Lene Gammelgaard ist stets ihren eigenen Weg gegangen. Immer wieder in ihrem Leben verstieß die selbstbewusste Dänin gegen soziale Normen und Geschlechterrollen, bekam häufig zu hören, dieses oder jenes Verhalten passe nicht zu einer Frau. Sie ließ sich von solcher Kritik nicht beirren. »Frauen müssen sehr darauf achten, eine gute Ausbildung zu bekommen, in einem Bereich und auf einem Niveau, die zu ihren Anlagen und ihren Interessen passen. Sonst werden sie unglücklich, weil sie anfangen, im Beruf, in der Ehe, in allen Bereichen Rollen zu spielen. Das ist kein Leben. Frauen sollten sich selbst viel ernster nehmen.«

Gerade hat Lene Gammelgaard ein neues Buch beendet, in dem sie ihre Anleitungen zu einem lebenswerten, von Energie und Aktivität bestimmten Dasein zusammenträgt. Das Schreiben betrachtet sie als eine für sie zentrale Betätigung. Ihr innerstes Wesen dränge sie, mithilfe von Worten die Realität festzuhalten. Seit über zwanzig Jahren notiert sie ihre Erlebnisse, Beobachtungen, Erfahrungen in kleine, schwarze Heftchen. Auch während sie den Mount Everest bestieg, schrieb sie alles auf.

Im Büro von Lene Gammelgaard steht ein wunderschöner antiker Schreibtisch. »Ich bin Autorin und sollte deswegen auch an einem schönen Platz arbeiten. Und wenn ich durch meine Bücher berühmt werden sollte, dann wird mein Schreibtisch vielleicht in hundert Jahren von den Menschen bestaunt werden.« Lene lacht. »Jeder träumt doch vom Berühmtwerden.«

Die Dänin möchte durch ihre Arbeit die Menschen ermutigen, ihr Leben bewusster zu leben und sich zu fragen, ob sie ihre Träume realisieren oder sie nur vor sich herschieben wollen. Nicht mehr und nicht weniger. Sie selbst ist fest davon überzeugt, dass das Leben dazu da ist, voll und ganz gelebt zu werden. »Man muss sein Ziel verfolgen und den Mut haben, nicht locker zu lassen, selbst im Angesicht des Scheiterns.« Denn eines hätte die Erfahrung auf dem Mount Everest sie gelehrt: »Das Leben ist schön, und es ist sehr kurz.«

Anhang

LITERATUR DER PORTRÄTIERTEN FRAUEN
(AUSWAHL)

Bohley, Bärbel: *Die Dächer sind das Wichtigste. Mein Bosnien-Tagebuch.* Ullstein, Berlin 1997

Dies./Neubert, Ehrhart/Reich, Jens: *Wir mischen uns ein. Ideen für eine gemeinsame Zukunft.* Herder, Freiburg im Br. 1998

Cervena, Sona: *Heimweh verboten. Mein Stück Theater- und Weltgeschichte.* Opus musicum-Bibliothek. Band XI, Brno 1999

Gammelgaard, Lene: *Die letzte Herausforderung. Wie ich die Tragödie am Mount Everest überlebte.* Econ & List, München 1999

Jackson, Monica/Stark, Elizabeth: *Zelte auf dem Dach der Welt. Die erste Frauenexpedition in den Himalaya.* Mit einem Vorwort von Lene Gammelgaard, Sphinx bei Hugendubel, München 2000

Jenny, Zoë: *Das Blütenstaubzimmer.* Frankfurter Verlagsanstalt, Frankfurt/M. 1997

Dies.: *Der Ruf des Muschelhorns.* Frankfurter Verlagsanstalt, Frankfurt/M. 2000

Nabb, Magdalen: *Alta moda.* Diogenes, Zürich 1999

Dies.: *Ein neuer Anfang.* Diogenes, Zürich 2000

Dies.: *Finchen auf dem Markt.* Dressler, Hamburg 1996

Dies.: *Finchen im Winter.* Diogenes, Zürich 2000

Dies.: *Geburtstag in Florenz.* Diogenes, Zürich 1999

Dies./Vagheggi, Paolo: *Terror.* Diogenes, Zürich 1988

Dies.: *Tod eines Engländers.* Diogenes, Zürich 1991

Dies.: *Tod im Frühling.* Diogenes, Zürich 1988

Dies.: *Das Ungeheuer von Florenz.* Diogenes, Zürich 1997

Dies.: *Das Zauberpferd.* Klopp, Hamburg 1994

Pinnau, Ruth: *Cäsar Pinnau. Architekt.* Christian, München 1995

Dies.: *Der Sieg über die Schwere. Cäsar Pinnau in meinem Leben.* Storck, Hamburg 1993

Dies.: *Das Wasser war viel zu tief. Liebende Frauen von Cleopatra bis Simone de Beauvoir.* Storck, Hamburg 1999

Schroeder, Binette: *Adventskalender: Stadtlandschaft.* Nord-Süd, Gossau/Zürich 1996

Dies.: *Engel & anderes Geflügel. Ein Adventskalender zum Malen, Basteln, Schnippeln.* Rowohlt, Reinbek 1997

Dies.: *Der Froschkönig oder der eiserne Heinrich.* Nord-Süd, Gossau/Zürich 1989

Dies.: *Laura.* Nord-Süd, Gossau/Zürich 1999

Dies.: *Lupinchen.* Nord-Süd, Gossau/Zürich 1992

Dies./Ende, Michael: *Die Vollmondlegende.* Edition Weitbrecht, Stuttgart 1993

Spencer-Churchill, Henrietta Lady: *Mit Liebe zum Detail. Stilvolle Dekorationsideen für Haus und Wohnung.* Gerstenberg, Hildesheim 1996

Dies.: *Stilvoll & Gastlich. Klassische Tafelarrangements.* Gerstenberg, Hildesheim 2000

Steinwachs, Ginka: *Eroskop. Ein Orakel für Sprach- und Sternverliebte.* Insel, Frankfurt/M. 1999

Vandrey, Lena: *Chapitres – Kapitel.* Edition Atelier Angria, Laval St. Roman 2000

Dies.: *Retrospektive Lena Vandrey.* Edition Atelier Angria, Laval St. Roman 2000

Wertheimer, Jürgen (Hg.): *Zukunft! Zukunft? Literarische Essays von Batya Gur, Barbara Honigmann, Zoë Jenny u.a.(Tübinger Poetik-Vorlesung).* Konkursbuchverlag, München 2000

LITERATUR ZU INNENARCHITEKTUR UND
DESIGN

Asensio Cerver, Francisco: *Modernes Wohndesign.* Könemann, Köln 2000

Ders.: *Freiraum zum Wohnen und Arbeiten.* Augustus, München 2000

Bauwens, Liz/Campbell, Alexandra: *Wohnrezepte. Multifunktionale Räume.* Busse + Seewald, Herford 1999

Crawford, Ilse: *Wohngefühl. Die Sinne befreien, das Leben verändern.* Augustus, München 1998

Conran, Terence: *Das große Buch der Wohn-Ideen.* monte/DuMont, Köln 2000

Ders.: *Design.* DuMont, Köln 1999

Ders.: *Easy living. Frei und einfach wohnen.* DuMont, Köln 1999

Cumberbatch, Jana: *Pure Style. Die Kunst des Einfachen.* DuMont, Köln 1997

Gilliat, Mary: *Wohnen in Blau und Weiß.* Gerstenberg, Hildesheim 1996

Glancey, Jonathan: *Modern – 100 Jahre Wohndesign.* Knesebeck, München 2000

Hatje, Gert/Weisskamp, Herbert: *Wohnstil und Design.* Kohlhammer, Stuttgart 1991

Highton, Leonie: *Country chic. Der neue Landhausstil.* Busse + Seewald, Herford 1998

Hoppen, Kelly: *Sinnlich Wohnen.* Augustus, München 1999

Inions, Cynthia/Wood, Andrew: *Wohnen in einem Raum. Ideen vom Loft bis zum Single-Appartement.* DuMont, Köln 2000

Jahr, Angelika (Hg.): *Das große Buch vom Einrichten. Schöner Wohnen.* Sonderausgabe. Naumann & Göbel, Köln 1998

Lazenby, Gina: *Inneneinrichung nach Feng Shui.* Callwey, München 1999

Lebeau, Caroline: *Edle Stoffe. Die schöne Kunst der textilen Dekoration.* Gerstenberg, Hildesheim 1995

Lovatt-Smith, Lisa: *Wie Modemacher wohnen.* Gerstenberg, Hildesheim 1998

Madden, Chris Casson: *Ein Zimmer für SIE allein.* Gerstenberg, Hildesheim 1999

Mankin, Ian/Moore, Gina: *Zum Wohnen schön. Stilvoll einrichten mit natürlichen Stoffen.* Augustus, München 1998

Meiss, Susanne von: *Classic Style. Wohnen und Leben mit Antiquitäten.* Nicolaische Verlagsbuchhandlung, Berlin 1999

Miller, Judith: *Klassischer Wohnstil. Inspirationsquelle Antike. Historische Entwicklung, dekorative Details, Wohnbeispiele.* Christian, München 1999

Niesewand, Nonie: *Verwandelte Räume.* DuMont, Köln 1998

Saladino, John: *STIL.* Gerstenberg, Hildesheim 2000

Schneider, Ulrike: *Neues Wohnen – Alte Rollen? Der Wandel des Wohnens aus der Sicht von Frauen.* Leske + Budrich, Leverkusen 1992

Skrein von Bumbala, Alexandra: *Austrian Style. Wohnkunst in Österreich.* Pichler, Wien 1998

Stoeltie, Barbara/Stoeltie, René: *Räume mit Patina.* Gerstenberg, Hildesheim 1999

Vance, Peggy: *Wohnen im Loft.* Busse + Seewald, Herford 1999

Walden, Sara: *Wohnen in der Provence.* Christian, München 1997

Westgate, Alice: *Räume zum Wohlfühlen. Wellness und Wohnen.* Busse + Seewald, Herford 1998

ZEITSCHRIFTEN

Deutschland

AD Architectural Digest, Condé Nast Verlag, München (erscheint sechsmal jährlich)

Architektur & Wohnen, Jahreszeiten Verlag, Hamburg (erscheint sechsmal jährlich)

burda Wohnen, Verlag Aenne Burda, Offenburg (erscheint monatlich)

Casa Deco, ipm Magazin Verlag, München (erscheint vierteljährlich)

Country Style, Klocke Verlag, Bielefeld (erscheint vierteljährlich)

Deco, Winkler Medien Verlag, München (erscheint fünfmal jährlich)

Deco Home, Gunther Lambert GmbH, Mönchengladbach (erscheint sechsmal jährlich)

Elle Decoration, Elle Verlag, München (erscheint sechsmal jährlich)

Häuser, Gruner + Jahr, Hamburg (erscheint sechsmal jährlich)

Homes & Gardens, ipm Magazin Verlag, München (erscheint sechsmal jährlich)

Living at Home. Haus | Garten | Küche | Gastlichkeit, Living at Home Multi Media GmbH, Hamburg (erscheint monatlich)

Neues Wohnen, Verlagsgesellschaft Neues Wohnen, Hamburg (erscheint monatlich)

Schöner Wohnen, Gruner + Jahr, Hamburg (erscheint monatlich)

Schöner Wohnen decoration, Gruner + Jahr, Hamburg (erscheint sechsmal jährlich)

Wohn! Design, Trend Medien Verlag, Stuttgart (erscheint sechsmal jährlich)

Wohnträume, ipm Magazin Verlag, München (erscheint vierteljährlich)

Zuhause wohnen, Jahreszeiten Verlag, Hamburg (erscheint monatlich)

Österreich

H.O.M.E., Ahead Mediaberatungsgesellschaft mbH, Wien (erscheint zehnmal jährlich)

Wohnen, Radda und Dressler Spezialzeitschriften Verlag, Wien (erscheint zehnmal jährlich)

Schweiz

Atrium, Archithema, Zürich (erscheint sechsmal jährlich)

Ideales Heim, Archithema, Zürich (erscheint zehnmal jährlich)

EXKLUSIVE MODE
VON CLAUDIA SKODA

Claudia Skoda Level
Linienstr. 157
10115 Berlin
Tel.: 0 30/2 80 72 11
Fax: 0 30/28 39 01 78

Skoda Attendance
Kurfürstendamm 50
10707 Berlin
Tel.: 0 30/8 85 10 09

MUSIK VON TIMNA BRAUER

Timna Brauer & Elias Meiri Ensemble:
  Die Brauers. CD, Edel, Dornbirn, Österreich 2000
Dies.: *Chansons et Violons.* CD, Blue Flame BMG, Stuttgart, Deutschland 1998
Dies.: *Jewish Spirituals.* CD, Blue Flame BMG, Stuttgart, Deutschland 1997
Dies.: *Music for Peace.* CD, Edel, Dornbirn, Österreich 2000
Dies.: *Mozart »anders«. »Die Zauberflöte« zwischen Klassik, Jazz und Fantasie.* CD, Edel, Dornbirn, Österreich 1999.
Dies.: *Orient live.* CD, Warner Music Austria, Wien, Österreich 1987

Die CDs von Timna Brauer sind bei den folgenden Vertrieben erhältlich:

Blue Flame BMG
Parlerstr.6
70192 Stuttgart
Tel.: 07 11/2 56 76 71
Fax: 07 11/2 56 76 74
www.blueflame.de

Edel Records
Wallenmahd 53
6850 Dornbirn
Tel.: ++43/55 72/2 34 94
Fax: ++43/55 72/2 34 98
www.edel.at

Warner Music Austria
Erlachgasse 134-140
1101 Wien
Tel.: ++43/1/60 15 90
Fax: ++43/1/6 02 36 23
www.warner-classics.com

ROKPA INTERNATIONAL
VON LEA WYLER

ROKPA Deutschland e.V.
Barbara Pfeiffer
Schützenstr. 49
78315 Radolfzell
Tel.: 0 77 32/97 18 65
Fax: 0 77 32/97 18 66

ROKPA Österreich
Erich Leitner
Montfortstr. 19
6890 Lustenau
Tel./Fax: ++43/55 77/6 30 08

ROKPA INTERNATIONAL
Lea Wyler (Hauptsitz)
Neptunstr. 34
8032 Zürich
Tel.: ++41/1/2 62 68 88
Fax: ++41/1/2 62 68 89
www.rokpa.org

Nützliche Adressen

Die Adressen in diesem Anhang sind nach Post-
leitzahlen geordnet. Von Deutschland beginnen
die Landeskennzahlen bei Tel. und Fax. mit 00.

Berufsverbände

Deutschland

Deutscher Designertag e.V.
Postfach 13 03 33
20103 Hamburg
Tel.: 0 40/45 48 34
Fax: 0 40/45 48 32
www.designertag.de

Designerinnen Forum e.V.
Geschäftsstelle Hamburg
Stresemannstraße 375
22767 Hamburg
Tel.: 0 40/8 90 11 68
Fax: 0 40/8 90 11 93
www.designerinnen-forum.org

Allianz deutscher Designer e.V. (AGD)
Steinstraße 3
38100 Braunschweig
Tel.: 05 31/1 67 57
Fax: 05 31/1 69 89
www.agd.de

Deutscher Designer Verband e.V. (DDV)
Gelsenkirchener Straße 181
45309 Essen
Tel.: 02 01/8 30 40 10
Fax: 02 01/8 30 40 19
www.germandesign.de

Bund Deutscher Innenarchitekten e.V.
(BDIA)
Bundesgeschäftsstelle
Königswinterer Straße 675
53227 Bonn
Tel.: 02 28/44 24 14
Fax: 02 28/44 43 87
www.architekt.de/BDIA

Österreich

Designerinnen Forum e.V.
Bürgerspitalgasse 20/11
1060 Wien
Tel.: ++43/1/5 96 06 98
Fax: ++43/1/5 96 06 98
www.designerinnen-forum.org

Bund österreichischer Innenarchitekten
Penzingerstr. 23
1140 Wien
Tel.: ++43/1/8 94 21 11
Fax: ++43/1/88 89 30 73
www.members.euronet.at/boeia

Schweiz

Vereinigung Schweizer Innenarchitekten
Brunnengasse 60
Postfach 3000
3011 Bern
Tel.: ++41/31/3 12 38 17
Fax: ++41/31/3 12 38 01
www.vsi.asai.ch

Designerinnen Forum e.V.
Marktgasse 41
8400 Winterthur
Tel.: ++41/52/2 12 53 53
Fax: ++41/52/2 12 53 54
www.designerinnen-forum.org

Exklusive Geschäfte für Einrichtungen und Wohnaccessoires

Deutschland

Colosseum
Helfenberger Grund 8
01326 Dresden
Tel.: 03 51/2 64 30
Fax: 03 51/2 64 31 11
www.colosseum-dresden.com

Peter Posselt
Licht Lampen Leuchten und Design
Shakespearestr. 16–18
04170 Leipzig
Tel.: 03 41/3 02 92 10
Fax: 03 41/3 02 92 09

Marianne Großer
Deko-Design
Kreherstr. 10
09126 Chemnitz
Tel./Fax: 03 71/58 39 05

Conran Shop
Kantstraße 17
10623 Berlin
Tel.: 0 30/31 51 53 20
Fax: 0 30/31 51 53 10
www.conranshop.de

Möbelgalerie Schubert
Fritz-Reuter-Str. 17
19053 Schwerin
Tel.: 03 85/71 34 89
Fax: 03 85/71 34 90

Conran Shop
Große Elbstraße 68
22767 Hamburg
Tel.: 0 40/30 62 13 20
Fax: 0 40/30 62 13 33
www.conranshop.de

Conran Shop Stilwerk
Grünstr. 15
40212 Düsseldorf
Tel.: 02 11/86 22 83 20
Fax: 02 11/86 22 83 10
www.conranshop.de

Pesch Wohnen
Kaiser-Wilhelm-Ring 22
50672 Köln
Tel.: 02 21/9 12 72 70
Fax: 02 21/1 61 32 95
www. pesch-wohnen.de

Laden 26
Kaiserstr. 26
63065 Offenbach/M.
Tel.: 0 69/88 47 45
Fax: 0 69/88 60 02

Innenleben
Webergasse 3
65183 Wiesbaden
Tel.: 06 11/37 68 66
Fax: 06 11/3 08 14 86

Merz und Benzing
Dorotheenstr. 4
(Markthalle)
70173 Stuttgart
Tel.: 07 11/23 98 40
Fax: 07 11/2 39 84 20
www.merz-benzing.de

Kokon
Lenbachplatz 3
80333 München
Tel.: 0 89/5 52 51 40
Fax: 0 89/55 25 14 44

Österreich

Wolfgang Bischof
Judenplatz 6
1010 Wien
Tel.: ++43/1/53 55 45 50
Fax: ++43/1/5 35 54 55 15
*Hauptsächlich italienische Designermöbel und
Accessoires*

Edra Vienna
Raum + Gestaltung Oswald & Wallner
Bartensteingasse 4
1010 Wien
Tel.: ++43/1/4 09 17 25
Fax: ++43/1/40 91 72 55
*Designermöbel von Edra sowie Wohnmöbel
anderer italienischer Hersteller*

Ateliers Einwaller
(im Palais Harrach)
Freyung 3
1010 Wien
Tel.: ++43/1/5 35 37 30
Fax: ++43/1/5 37 37 32
*Italienische Wohn- und Designermöbel,
mehrere Geschäfts- und Showräume*

Hartmann Henn
Naglergasse 29
1010 Wien
Tel.: ++43/1/53 38 38 20
Fax: ++43/1/5 33 86 73
Designer-Kleinmöbel und edle Accessoires

Silenzio
Salzgries 2
1010 Wien
Tel.: ++43/1/5 35 67 50
Fax: ++43/1/5 32 06 67
*Exklusive Accessoires und Designermöbel
u.a. von Porro, Zeitraum, Arco*

Manzenreiter – Die Einrichtung
Freistädterstraße 334
4040 Linz
Tel.: ++43/7 32/7 50 67 50
Fax: ++43/7 32/75 06 80

Area
Bayerhammerstraße 5
5020 Salzburg
Tel.: ++43/6 62/88 00 68
Fax: ++43/6 62/8 80 06 87
www.area.at

Inspiration
Schlossergasse 6
6800 Feldkirch
Tel.: ++43/55 22/7 89 13
Fax: ++43/55 22/7 49 14

Oswald Raum + Gestaltung
Lisztgasse 4
7400 Oberwart
Tel.: ++43/33 52/3 22 72
Fax: ++43/33 52/32 27 25
Italienische Wohnmöbel und Accessoires

Jevensek Wohnfeelosophie
Sackstaße 19
8010 Graz
Tel.: ++43/3 16/83 03 21
Fax: ++43/3 16/8 26 15 60

Schweiz

Teo Jakob AG
Gerechtigkeitsgasse 25
3000 Bern 8
Tel.: ++41/31/3 27 57 00
Fax: ++41/31/3 27 57 01
www.teojakob.ch
*Lampen, Teppiche, Vorhänge, Küchen,
Büro und Badezimmereinrichtungen
von verschiedenen Designern*

Formatera
Rämistrasse 35
8001 Zürich
Tel.: ++41/1/2 51 33 03
Fax: ++41/1/2 51 23 13
www.formatera.ch

Pablo-Design
Stauffacherquai 54/56
8004 Zürich
Tel.: ++41/1/2 91 57 00
Fax: ++41/1/2 91 57 01
Beleuchtungen

Colombo Mobili AG
Mühle Tiefenbrunnen
Seefeldstrasse 231
8008 Zürich
Tel.: ++41/1/4 22 22 22
Fax: ++41/1/4 22 25 27
www.colombo.ch

Tuchreform
Obere Kirchgasse 8
8400 Winterthur
Tel.: 0 52/212 28 00
Fax: 0 52/212 28 00
www.tuchreform.ch
*Qualitativ hochwertige Stoffe, Vorhänge, Kissen,
Teppiche*

MÖBELMESSEN

Deutschland

Internationale Möbelmesse
Köln Messe GmbH
Messeplatz 1
50679 Köln
Tel.: 02 21/83 10
Fax: 02 21/8 31 34 16
Besucherservice: 02 21/8 21 29 30
www.moebelmesse.de
Die IMM ist eine internationale Messe für
Inneneinrichtungen, Wohnen und Möbel.
Sie findet jedes Jahr im Januar statt.

Heim und Handwerk
Messe München
Messegelände
81823 München
Tel.: 0 89/94 92 07 20
Fax: 0 89/94 92 14 19
www.messe-muenchen.de
Die Messe für Inneneinrichtung, Ausstattung
und Wohnaccessoires findet jährlich im Novem-
ber statt.

Schweiz

Wohnsinn
Messe Basel
4021 Basel
Tel.: ++41/61/6 86 20 20
Fax: ++41/61/6 86 21 88
www.messebasel.ch
Die Schweizer Wohnmesse für Inneneinrich-
tungen und Wohndesign findet im Rahmen
der Mustermesse (MUBA) jedes Jahr im Mai
statt.

Schweizer Möbelmesse international (smi)
– organisiert von dem Verband
Schweizer Möbelindustrie (sem) –
Einschlagweg 2
Postfach 116
4932 Lotzwil
Tel.: ++41/62/9 23 94 27
Fax: ++41/62/9 22 29 19
www.sem.ch
Die smi findet jedes Jahr im März statt.

MÖBELVERBÄNDE

Deutschland

Euro-Möbel GmbH & Co KG
Siegburger Straße 37
53757 Sankt Augustin
Tel.: 0 22 41/16 40
Fax: 0 22 41/16 41 81
www.euro-moebel.de

Zusammenschluss des Möbelfachhandels
europaweit

Creative Inneneinrichter
Spreestr. 3
64295 Darmstadt
Tel.: 0 61 51/31 87 30
Fax: 0 61 51/31 87 40
www.creative-inneneinrichter.de
Verband 43 unabhängiger Inneneinrichter
in Deutschland und der Schweiz

Deutscher Möbel Verbund
Ampertal 8
85777 Fahrenzhausen
Tel.: 0 81 33/8 90
Fax: 0 81 33/8 91 99
www.dmv.de
Zusammenschluss von Einrichtungshäusern
in Deutschland

Österreich

Die österreichische Möbelindustrie
(im Fachverband der holzverarbeitenden
Industrie)
Schwarzenbergplatz 4
Postfach 123
1037 Wien
Tel.: ++43/1/7 12 26 01
Fax: ++43/1/7 13 03 09
www.moebel.at

Schweiz

Verband Schweizer Möbelindustrie (sem)
Einschlagweg 2
4932 Lotzwil
Tel.: ++41/62/9 19 72 42
Fax: ++41/62/9 19 72 49
www.sem.ch
Zusammenschluss Schweizer Möbelhersteller

MUSEEN FÜR MÖBEL, DESIGN UND INNEN-
ARCHITEKTUR

Deutschland

Bauhaus Dessau
Gropiusallee 38
06846 Dessau
Tel.: 03 40/6 50 80
Fax: 03 40/6 50 82 26
www.bauhaus-dessau.de
Wechselnde Ausstellungen zum Thema Möbel
und Design

Kunstgewerbemuseum
Matthäikirchplatz 6
10785 Berlin-Tiergarten
Tel.: 0 30/2 66 29 11
Fax: 0 30/2 66 29 42
www.smb.spk-berlin.de
Kunsthandwerk und Designer-Möbel, ständige
Ausstellung: Neues Design

Museum für Kunst und Gewerbe
Steintorplatz
20099 Hamburg
Tel.: 0 40/4 28 54 53 53
Fax: 0 40/4 28 54 28 34
www.mkg-hamburg.de
Kunstgewerbe des 17. bis 19. Jahrhunderts,
Möbel sowie ganze Raumausstattungen,
Modernes Design

Kestner Museum
Trammplatz 3
30159 Hannover
Tel.: 05 11/16 84 21 20
Fax: 05 11/16 84 65 30
www.kestner-museum.de
Europäisches Kunstgewerbe vom Mittelalter
bis zur Neuzeit, Design des 20. Jahrhunderts,
Geschichte der europäischen Möbel (Behält-
nisse und Sammelschränke)

Deutsches Architektur-Museum
Schaumainkai 43
60596 Frankfurt/M.
Tel.: 0 69/21 23 84 71
Fax: 0 69/21 23 77 21
www.deutsches-architektur-museum.de
Zeichnungen und Modelle zur Architektur
des 20. Jahrhunderts

Vitra Design-Museum
Charles-Eames-Straße 1
79576 Weil am Rhein
Tel.: 0 76 21/70 22 00
Fax: 0 76 21/70 25 80
www.vitra.de
Industriedesign und Architektur. Sammlungen Thonet, Bauhaus, Eames, Aalto, Rietveld, Nelson, Saarinen, Prouvé

Die Neue Sammlung. Staatliches Museum für angewandte Kunst
Prinzregentenstraße 3
80506 München
Tel.: 0 89/22 78 44
Fax: 0 89/22 02 82
www.dieneuesammlung.de
Industrial Design, Graphic Design, Kunsthandwerk und angewandte Kunst des 20. Jahrhunderts

Architekturmuseum Schwaben
Thelottstraße 11
86150 Augsburg
Tel.: 08 21/2 28 18 30
Fax: 08 21/22 81 83 33
www.architekturmuseum.de
Veranstaltungs- und Ausstellungshaus für alle Bereiche der Architektur

Neues Museum. Staatliches Museum für Kunst und Design in Nürnberg
Luitpoldstraße 5
90402 Nürnberg
Tel.: 09 11/2 40 20 20
Fax: 09 11/2 40 20 29
www.nmn.de
Kunst und Design seit den 1950er Jahren, Dauerausstellung von Objekten aus den internationalen Beständen der Neuen Sammlung (Staatliches Museum für angewandte Kunst, München): Visionen des Designs von 1945 bis heute

Österreich

MAK– Museum für Angewandte Kunst
Stubenring 5
1010 Wien
Tel.: ++43/1/71 13 60
Fax: ++43/1/71 13 62 22
www.mak.at

Die Auswahl
– organisiert von der österreichischen Möbelindustrie –
Schwarzenbergplatz 4
Postfach 123
1037 Wien
Tel.: ++43/1/7 12 26 01
Fax: ++43/1/7 13 03 09
www.moebel.at
Wanderausstellung preisgekrönter österreichischer Möbel

Haus der Architektur
Engelsgasse 3-5
8010 Graz
Tel.: ++43/3 16/32 35 00
Fax: ++43/3 16/32 35 75
www.aneta.at /hdagraz

Schweiz

Architekturmuseum
Pfluggässlein 3
4001 Basel
Tel.: ++41/61/2 61 14 13
Fax: ++41/61/2 61 14 28
www.architekturmuseum.ch

Architektur Forum
Neumarkt 15
8001 Zürich
Tel.: ++41/1/2 52 92 95
Fax: ++41/1/2 62 00 50
www.museen-zuerich.ch/d/gestaltu/archi_se.htm

Museum für Gestaltung
Ausstellungsstrasse 60
8005 Zürich
Tel.: ++41/1/4 46 22 11
Fax: ++41/1/4 46 22 33
www.museum-gestaltung.ch

Widmung

Dieses Buch ist den wundervollen Frauen
gewidmet, die uns die Türen zu ihren Räumen öffneten.

Anke Gebert
Ute Karen Seggelke

Danksagung der Autorin

Ich danke Martina Bick, Reinhold Dey,
Petra Imeyer, Regula Venske, Vera Munro,
Glenn Scott Wright, Ruth Geiger – und
Erich, die mit ihren wertvollen Tipps dazu
beitrugen, dass ich diese zwanzig wunderbaren Frauen für das Buch gewinnen
konnte. Dank auch an die Lektorin Heike
Brillmann-Ede, die das Projekt sehr engagiert betreut hat.
Mein Dank gilt den Übersetzerinnen Sabine Elkington, Monika Lustig und Carola
Käther für ihre Begleitung während der
Gespräche in London, Florenz und Neapel.
Mein Mann und mein Sohn standen mir
während der neun Monate, die ich an diesem Bildband arbeitete und sehr oft verreist
war, geduldig und ermunternd zur Seite.
Danke!

Danksagung der Fotografin

Ich danke den Frauen, die mir bereitwillig
ihre Räume öffneten, ganz besonders Bärbel
Bohley, die mich so herzlich fünf Tage lang
aufnahm, als es keinen Rückflug gab.
Ich danke meiner Assistentin Julia Zenk, die
mich begeistert, Lampen schleppend, durch
Europa begleitet hat, und meiner Tochter
Imke Walter, die mich versiert durch Frankreich chauffiert und mir perfekt assistiert
hat.
Der Lektorin Heike Brillmann-Ede danke
ich für ihre Unterstützung, fürs Zuhören,
für ihre Geduld.

Bildnachweis

(o = oben, u = unten, r = rechts, l = links, m = Mitte)

S. 1   Lena Vandrey, Laval St. Roman
S. 2   Ginka Steinwachs, Biniaraix
S. 3   Raja Schwahn-Reichmann, Wien
S. 4   Marisa Albanese, Neapel (ol);
         Raja Schwahn-Reichmann, Wien (m),
         Ginka Steinwachs, Biniaraix (ul)
S. 5   Tanja Star-Busmann, Wien (or);
         Lea Wyler, Zürich (m)
S. 6   Claudia Skoda, Berlin
S. 7   Raja Schwahn-Reichmann, Wien
S. 192 Zoë Jenny, Basel (or);
         Henrietta Spencer-Churchill, Oxford (ul)
S. 193 Tanja Star-Busmann, Wien (or);
         Magdalen Nabb, Florenz (ul)
S. 194 Timna Brauer, Wien (ol);
         Lea Wyler, Zürich (m, u)
S. 195 Claudia Skoda, Berlin
S. 196 Raja Schwahn-Reichmann, Wien (or);
         Claudia Skoda, Berlin (ul)
S. 197 Victoria Miro, London
S. 198 Hildegard Brauneck, Hamburg
S. 199 Victoria Miro, London

Schutzumschlag
Vorderseite   Hildegard Brauneck, Hamburg
Rückseite   Bärbel Bohley, Kroatien (ol)
                 Ginka Steinwachs, Biniaraix (or)
                 Magdalen Nabb, Florenz (ul)
                 Abigail Lane, London (ur)
rechte Klappe Bild Gebert © R. Gebert
                 Bild Seggelke © Ute Karen Seggelke

Impressum
Die Deutsche Bibliothek – CIP Einheitsaufnahme
Ein Titeldatensatz für diese Publikation ist bei
Der Deutschen Bibliothek erhältlich.

Copyright © 2001 Gerstenberg Verlag, Hildesheim
Alle Rechte vorbehalten
Außenlektorat: Uta Rüenauver, Berlin
Layout: Gabrielle Pfaff, Berlin
Satz: Marly Riemer, Berlin
Satz aus der Perpetua
Lithografie: Bildpunkt, Berlin
Druck und Bindung: Brepols, Turnhout
Printed in Belgium

ISBN 3-8067-2868-2